멕시코 시티

아스테카문명을 찾아서

차례
Content

03멕시코 시티는 어디서 왔는가? 08첫 인상 : 멕시코 시티의 위치와 자연조건 13멕시코 시티의 인구 구성 22멕시코 시티는 어떻게 이루어졌나 : 세 문명의 공존 39멕시코의 과거, 그러나 현재를 이루는 것 69틀랄록 대 산티아고 : 아스테카제국의 멸망 77새로운 시작 91에필로그

멕시코 시티는 어디서 왔는가?

나는 멕시코 시티에서 16년 반이라는 세월을 보냈다. 대학에서 공부하고 현장에서 일하고 연구하며 보냈으니 개인적으로는 인생의 성숙기의 귀중한 시간을 대부분 이 도시에서 보낸 셈이다.

지금 나에게 멕시코에서 가장 기억나는 곳 또는 사랑하는 곳이 어디냐고 물으면 생각할 것도 없이 치첸이쯔아와 메리다라고 대답할 것이다. 나는 멕시코 시티에서 꽃을 피웠던 아스테카(Azteca)문명보다는 마야(Maya)문명에 대해 흥미를 가졌고, 현장연구의 대부분을 후기 마야문명의 중심지였던 치첸이쯔아에서 보냈다. 내게 유카탄 지역의 중심지이며 치첸이쯔아로 가는 입구인 메리다에 대해서 쓰라고 하면 무엇을 쓸 수 있을까? 메리다의 아름다운 아열대풍광을 이야기할 수 있을 것이다. 그곳에서 만난 동료들과의 흥미로운 추억도 있다. 그러나 그 이상은 아무것도 떠오르지 않는다.

그러면 멕시코 시티는 어떤가. 멕시코 시티의 크기는 세계 수준의 거대도시인 서울의 세 배가량 되고 두 배 정도 많은 자동차가 달리고 있는 초 거대도시이다. 따라서 사람도 많고, 먼지 등 공해도 심하다. 마야연구자로서 아열대의 짙푸른 숲 속을 헤매고 다니다 보니, 멕시코 시티로 돌아오는 순간부터 머리가 지끈지끈 아프고 눈에는 눈물이 맺히기 시작한다.

이곳은 고대문명, 유럽 정복시대, 현재의 다양한 문명의 흔적과 풍습을 갖고 있는 동시에 지리적으로 북미와 중남미를 잇는 길목에 위치한 덕분에 중남미 최대의 관광지이기도 하다. 외지인과 외국인이 넘치는 이 도시에서는 택시를 타면 항상 주행미터기를 잘 보아야하고, 복잡한 소칼로(Zocalo)를 지나자면 가방을 단단히 잘 챙겨야 한다. 서민들이 주로 이용하는 지하철은 좀 복잡하긴 하지만 그런대로 다닐만하다. 공기 오염이 심한 복잡한 도시이지만, 비가 올 때는 그래도 살만하다. 바람이 많이 불 때도 괜찮다. 먼지도 함께 날려가 멕시코 시티를 둘러싸고 있는 산들의 모습이 선명하게 보인다.

호기심을 감추지 않는 동네사람들은 내가 지나가면 원숭이를 본 양 매일 지나다녀도 매일 쳐다본다. 그래도 짐을 들고 택시를 잡으려고 왔다갔다 하고 있노라면 어느새 다가와 도와주기도 한다. 이렇듯 나는 멕시코 시티에 대해 끝없이 떠오르는 기억의 파편들을 늘어놓을 수 있었다. 16년 반의 멕시코 생활은 멕시코 시티에서 이루어졌던 것이다.

멕시코 시티는 앞서 언급한 도시들과 같이 멕시코라는 나라에 속해 있지만 마야문명이 있었던 메리다와는 확연히 다르다. 양쪽 다 메소아메리카문명권으로 거의 비슷한 종족과 철학과 종교 체계를 이어받고 에스파냐에게 정복됨으로써 서구에 알려지게 된 도시들이다. 그러나 멕시코 시티는 아스테카문명이 제국으로 존재하고 있을 때 에스파냐라는 유럽 최대의 국가를 만나게 되었다. 아스테카문명이 문명의 주기로 보면 최고의 번영기를 지나 쇠퇴의 징조를 보이는 시기에 최고의 발전기를 향해가고 있는 에스파냐를 맞게 된 것은 매우 극적인 변화를 일으킬 요소를 갖고 있었다. 이것이 고대문명으로서 마야문명이 번성하다가 스스로 쇠퇴의 길로 들어선 이후에 에스파냐 사람들이 도착했던 메리다와 차이를 만드는 것이다.

그 이후에도 멕시코 시티는 '새로운 에스파냐'의 중심지로서의 길을 걷게 된다. 정복자들은 정복한 땅을 원주민과 관계 있는 나라라고 생각하지 않았다. 그들은 이곳을 에스파냐의 연장으로 만들고자 하였다. 그리하여 유럽의 백인을 비롯하여 중국인, 아프리카의 흑인까지 도착하여 그야말로 다양한 인종의 도시를 이루게 되었다.

멕시코 시티에서 가장 중요한 것은 백인과 원주민, 그리고 그들 사이에서 태어난 혼혈, 메스티소(Mestizo, 에스파냐어로 '섞인다'는 뜻을 갖고 있다)이다. 메스티소는 멕시코뿐만 아니라 현재 전 중남미의 진정한 주인이라고 해야 할 것이다. 그럼에도 불구하고 메스티소는 주인 노릇을 확실히 하지 못하고 있다. 이것이 현재 중남미의 문제이고 멕시코 시티의 문제이다. 아마도 멕시코 시티의 모든 부정적인 요소는 바로 여기서 나오는 것일 것이다. 모든 부정적인 문제에도 불구하고 세계 최대의 수도, 멕시코 시티는 인종적·문화적·도시환경적인 모든 문제를 끌어안고 살아가고 있다.

가난한 자들과 중산층의 일상생활을 엿보거나, 미국과 중남미 사이에 낀 역사적·정치적 모습을 살펴보는 것도 흥미롭겠지만, 이 글에서는 이 모든 것이 어우러져 있는 멕시코 시티에서 볼 수 있는 멕시코 사람들은 과연 어떤 사람들이고 멕시코 시티는 어떻게 다양하고 복잡한 도시가 되었는가에 대해서 살펴보려고 한다.

나는 이 복합적인 사회를 이루게 된 과거의 배경에 초점을 맞추었다. 그 과거에서 오늘날을 지배하는 그들의 정신이 어떻게 형성되었는가를 찾아내고 싶었다. 오천 년 전의 단군 할아버지의 영향이 오늘날 배달 민족의 근간이라는 것을 생각한다면 천 년 전의 아스테카문명의 정신은 그 후의 에스파냐나 현대의 철학보다 훨씬 더 멕시코적인 것을 보여줄 것이라는 것을 이해할 수 있을 것이다.

에르난 코르테츠가 멕시코 만에 그 첫발을 디뎠으나 두 세계의 만남은 화산 속에 있는 호수의 도시, 테노치티틀란에서 이루어졌다. 유럽과 메소아메리카, 두 세계의 만남은 신세계에 엄청난 충격과 변화를 몰고 왔다. 멕시코 시티는 이 새로운 세계가 시작된 첫 관문이었다. 인종차별, 문화의 충돌, 산업화와 공해라는 세계의 문제를 갖고 있는 도시, 그 모든 것을 포함하고 오늘도 묵묵히 자신의 역사를 이어가고 있다는 점에서 우리를 한없이 매료시키는 도시이다.

아스테카는 메소아메리카문명이 마지막으로 꽃을 피운 문명이다. 풍요로운 강 하류의 퇴적지인 멕시코 만에서 시작된 최초의 문명 올메카(Olmeca)가 멕시코 고원에 영향을 주어 테오티우아칸문명이 일어났다. 이 문명에서 새로운 얼굴을 갖춘 모든 인식개념과 사유방식은 다시 전 메소아메리카로 퍼져나갔다. 마야, 사포테카, 우아스테카 등의 지역에서 번성하던 문명의 핵심은 방랑부족 아스테카가 멕시코 고원에 들어서자 다시 모이게 되었다. 아스테카는 스스로의 개성에 메소아메리카 2,000년의 발전과정을 접목시켰다. 에스파냐의 정복자들을 놀라게 한 피의 제전 뒤에는 아스테카의 국가 유지체계와 함께 전 메소아메리카의 상징체계가 복잡하게 뒤엉켜 있다.

우리나라에서 멕시코의 역사를 보는 시각은, 화려한 문명을 일으켰지만 태양에게 인간의 심장을 바치는 원시적인 풍습을 가지고 에스파냐에 정복되어 원주민들이 자신의 정체성조차 가지지 못한 그런 나라라는 것 같다. 멕시코 시티에 대해 서술하는 동시에 아메리카 원주민의 세계도 그 자체의 역사의 흐름을 갖고 발전하였다는 것을 보여줄 수 있었으면 하는 것이 저자의 작은 바람이다.

첫 인상 : 멕시코 시티의 위치와 자연조건

내가 멕시코 시티에 도착한 날은 3월 12일, 건기가 한창일 때였다. 멕시코 시티는 해발 2,240m의 고산지대이다. 그래서 북위 17도에 위치하고 있으면서도 덥지 않았다. 물론 겨울에도 영상 10도에서 20도 사이의 기온으로 시원하다고 느낄 정도이다. 일 년 내내 계절에 따른 온도차는 별로 없지만 고산지역답게 밤낮의 일교차는 꽤 심하다.

아침에 따뜻한 옷을 위에 걸치고 안에는 반팔 티셔츠를 입고 있다가 낮에 기온이 올라가면 겉옷을 벗어야 한다. 따라서 멕시코 시티에서는 항상 입었다 벗었다 할 수 있는 겉옷은 필수이다. 영화에서 많은 사람들이 허리에 스웨터를 졸라매고 다니는 것을 보고 참 별난 옷차림이라고 생각했었는데 이곳에

와보니 이해가 갔다. 항상 옷을 들고 다니면 손이 불편하니까 허리에 매고 다니다가 필요할 때는 걸치는 것이다. 나는 그렇게 하는 것이 어색하여 옷을 벗어서 손에 들고 다니는 것을 고수하다가 한해가 지나고 나니 조끼, 스웨터를 9개나 잃어버렸다. 그 후에는 아예 큰 가방에 넣고 다닌다.

고산 지대의 변덕스러운 기후는 엉뚱하게도 우박을 내리기도 한다. 어느 날 낮잠을 신나게 자고 있는데 창문을 두들기는 소리가 요란해서 눈을 뜨고 창밖을 보니 우박이 창을 두들기고 있었다. 우리나라의 창문처럼 두껍지도 않고 이중창도 아닌데 저렇게 두들기다가는 창문이 부서지지 않을까 겁이 날 정도였다.

그러나 이런 일은 드물고 대체로 일 년에 6개월씩 우기와 건기가 교대된다. 우기에는 하루에 약 2시간씩 비가 내린다. 배수시설에 별로 신경을 쓰지 않는 멕시코 시티는 드물게 8시간 이상 비가 내리면 도로가 물에 잠기게 된다. 내가 도착했던 첫 해가 그랬다. 일방통행인 도로의 한편이 물에 잠겨 대낮임에도 불구하고 차가 한대도 없는 도로를 느릿느릿 걸을 수 있었다.

멕시코 시티에는 천이백만 명이 사는 세계 최대의 인구집중 도시 중의 하나인데 일방통행 도로가 상당히 많다. 오래된 도시니까 좁은 도로가 많은데다가 우리나라보다 훨씬 먼저 자동차 문화가 시작되었으니 서울의 두 배 정도의 자동차가 다니고 있다. 일방통행은 교통체증을 막기 위한 방편인 것이다.

이 넓고 복잡한 도시에 대체로 5월부터 우기가 시작되니까 3~4월은 건기의 마지막으로 도시는 바짝 말라 있었다. 길을 건너기 위해 신호등 옆에 서 있으니까, 도시의 먼지를 가득 품은 바람이 불어왔다. 자동차의 매연과 먼지 때문에 눈을 뜰 수가 없고 눈물이 절로 났다. 뒤에는 산과 앞에는 강이 어우러지고, 강을 따라나가면 바다가 있는 서울에서 살다가 멕시코 시티의 도로에서 눈물을 흘리고 있자니, 'T.S. 엘리엇이 「4월은 잔인한 달」이라는 시를 멕시코 시티에서 썼나'하는 생각이 들었다. 하루에 한 번씩 비가 오는 5월 중순부터 10월까지는 섭씨 20도에서 26도 사이의 쾌적한 날씨이며, 공해도 비에 씻겨 상당히 맑은 하늘을 볼 수 있다. 맑은 날은 북쪽 멀리 슬픈 사랑의 전설이 내려오는 만년설이 덮인 익스타씨우아틀(Iztaccihuatl)과 포포카테페틀(Popocatepetl)의 두 화산, 남쪽으로는 장엄한 산 그림자를 드리운 아후스코(Ajusco)의 정상을 볼 수 있다.

멕시코 시티는 분화구의 호수에 물이 빠져서 이루어진 도시이다. 사방은 높은 산이 병풍처럼 둘러싸고 있어서 흐르는 강이라고는 찾아 볼 수가 없다. 아스테카 사람들이 살았을 때에는 아직 호수였고, 도시의 중심은 섬이었다. 당시 사람들은 운하로 이루어진 도로를 조그마한 쪽배로 누비고 다녔다. 이 운하들이 현재의 멕시코 시티의 주요 도로들이다. 그림처럼 펼쳐지는 환상의 도시였다. 그러나 에스파냐 사람들이 들어와 살면서 점차로 물이 빠졌고 거대한 분화구가 바로 도시가 되었다.

저녁 햇살에 비치는 멕시코 시티의 하늘은 주황색이다. 공해 구름이 도시에 하늘을 뒤덮고 있는 것이다. 마치 21세기를 그린 공상과학영화를 보는 것 같았다. 그래서 조금 돈이 있는 사람들은 주말이면 다투어 도시를 둘러싸고 있는 산을 넘어서 밖으로 **빠져** 나간다.

그러나 대부분의 사람들은 소칼로나 차풀테펙(Chapultepec)의 공원을 찾아가 물건도 사고, 녹색의 이끼가 가득 낀 호수 위에서 뱃놀이를 즐기거나 먼지 가득한 공원의 잔디 위를 뒹굴며 자동차의 매연이 조금은 덜한 주말을 보낸다.

공원에서 뒹굴고 있거나 음식을 먹고 있는 가족들을 보면 대부분이 갈색의 피부에 입은 옷은 유행과는 별로 관계가 없고 약간은 뚱뚱한 사람들이다. 나는 한동안 멕시코가 편하기도 하고 심심하기도 했다. 사계절에 따라 옷이 바뀌고 작년에 유행했던 옷이 올해는 촌스럽게 느껴지는 서울과는 달리 이곳에서는 일 년 내내 같은 옷을 가지고 하나 더 껴입거나 벗기만 하면 되기 때문이다. 처음 멕시코에 도착해서 입었던 옷을 16년 후에 걸쳤는데도 크게 이상하지 않았다.

나는 '멕시코에서도 패션쇼는 하는데 그런 옷들은 어디에 있을까'하는 의문을 품었다. 궁금증은 멕시코 시티의 북서쪽으로 가서야 비로소 풀렸다. 그곳은 같은 백화점이라도 남쪽에 있는 것과는 건물의 크기와 장식부터 달랐다. 길거리에는 걷는 사람이 거의 없었고, 신호등에 걸려서 서 있는 차 안을 눈여겨보면 과연 이들도 멕시코 사람인가 싶을 정도로 하얀 피부에 금발 또는 밝은 갈색의 머리를 가진 사람들이 주를 이룬다. 그들은 키도 크고 날씬했으며 최신 유행의 날렵한 옷들을 입고 있었다. 이들이 주말에는 도시 밖으로 빠져나가는 사람들이다. 덕분에 이들이 평소에 사는 공원이 주말에는 도시를 빠져나갈 수 없는 가난한 사람들의 휴식 장소가 되는 것이다. 이 도시는 참으로 구획이 명확하다. 누가 부자이고 누가 가난한지 얼굴 모습과 차림에서부터 확연히 구별된다. 그리고 그들이 사는 곳, 일하러 가는 장소, 놀러 가는 장소도 다르다. 물론 탈 것도 다르다.

피부색깔, 몸매, 눈, 머리 색깔, 옷차림 무엇 하나 평준화된 것이 없다. 더욱이 멕시코 시티 인구의 15%가 외국인이라 한다. 어쨌든 부자들은 주말에는 가난한 사람들에게 도시를 비워준다. 도시는 온통 일주일의 일에서 해방된 가난한 사람들의 차지가 된다. 이것이 다양한 인종과 문화, 빈부 격차가 심한 멕시코 시티라는 거대한 도시의 모습이다.

멕시코 시티의 인구 구성

1988년 서울 올림픽과 2002년 월드컵 개최로 한국이라는 이름을 세계에 알리게 되면서 한국을 찾는 외국인이 많아졌다. 따라서 요즘은 거리에서 외국인을 보는 것이 특별할 것 없는 일이 되었다. 거리에서 만나는 인종이 예전에 비해 조금은 다양해졌지만 그래도 한국에 살고있는 90% 이상의 사람들이 비록 외국인이라 할지라도 아시아 지역에서 온, 전형적인 동양 사람들이다.

반면에 멕시코 시티에는 참으로 다양한 인종이 살고 있다. 빈부에 따라 옷차림이 다른 멕시코 시티의 사람들은 체격마저도 다르다. 키가 전체적으로 작고, 목이 약간 짧고 굵으며 피부가 갈색인 사람들, 키가 크고 피부는 갈색이며 머리카락, 눈

썹의 색깔이 아주 새까만 사람들, 피부의 색깔은 노랗고 희며 머리 색깔이 밤색인 경우, 노랑 머리에 푸른색, 녹색, 갈색의 여러 눈 색깔을 가진 사람들이 있다. 다양해 보이지만 그들은 '메스티소'라 불리는 같은 인종이다. 거기에 최근에 부쩍 많아진 전형적인 북유럽인, 미국인과 이미 15세기부터 들어온 중국인에 20세기 초부터 등장하는 일본인과 한국인 등 동양 사람이 더해지면서 거리를 지나면서 단조로움을 느낄 사이가 없어졌다.

멕시코 시티의 중심을 지나는 레포르마 거리에 위치한 인류학박물관의 제2실에 들어서면 벽면 가득히 짐승가죽의 옷을 입은 사람들이 흰눈 위를 걷고 있는 모습이 그려져 있다. 아메리카에서 최초로 삶을 시작한 사람들은 얼어붙은 베링해를 건너온 몽고계통의 사람들이라는 것이 정설로 받아들여지고 있다. 시베리아의 동쪽 끝 데즈네프 곶(Cape Deznehnev)과 알라스카의 서쪽 끝 웨일즈왕자 곶(Cape Prince of Wales)을 연결하면 90km 밖에 안 된다. 중간에는 두 개의 작은 섬이 있어서 좋은 휴식처가 되어주는, 이곳의 바다 깊이는 겨우 40m이다. 또한 베링해협이 얼어붙는 기간은 11월에서 7월까지로, 11월에서 3월까지는 전체적으로 얼어붙어 있다. 이것은 겨울의 혹독한 눈보라 때문에 힘들기는 하겠지만 육로로 건너는 것이 가능하다는 것을 보여준다. 더욱이 빙하기에는 바다의 높이가 낮아지므로 40m의 깊이 정도는 손쉽게 육지가 될 수 있었다. 즉, 빙하기의 구대륙 사람들이 얼어붙은 육지를 건너

따뜻한 남쪽으로 향한 것은 매우 당연한 일이었다. 사람들의 남하가 최초로 이루어진 시기는 약 28,000년에서 70,000년 전으로 보고 있다. 이후에도 많은 사람들이 따뜻한 남쪽을 향하여 겨울철, 바다가 얼어붙는 시기에 계속 건넜을 것이다. 이렇게 최초의 아메리카 사람들은 아시아 대륙의 구석기인으로 미국의 남부, 브라질 등 주로 아메리카의 동부지역에 정착하였다. 또 다른 가정은 배로 태평양을 건너서 캘리포니아 만으로 들어온 사람들이다. 이들 역시 몽고계통의 사람들로 동남 아시아에 살면서 쪽배를 저어 연안을 따라 하와이 섬에 도착하고 다시 캘리포니아 쪽으로 이동했다는 것이다. 최초의 아메리카 사람들은 북서쪽으로 들어온 아시아 사람들이었다.

1800년대부터 조각뼈가 발견되었으나. 최초의 거의 완벽한 인골(人骨)은 1948년 멕시코 테펙스판(Tepexpan) 지역에서 발견되었는데, 약 55-65세 사이에 죽은 것으로 판정되는 여성으로 중두형의 머리를 갖고 있다. 약 7,000년에서 10,000년 전에 살았던 것으로 추정하고 있어서 최초의 아메리카 사람이 살았던 시기와는 상당히 떨어진 시기이다. 1953년 멕시코 시티에서 길쭉하게 변형된 머리형을 포함하여 세 명의 유골이 발견되었는데 역시 약 9,000년 전으로 추정되어, 이 무렵부터 고원지대에 사람이 살기 시작한 것으로 보인다. 메소아메리카 문명의 시작은 기원전 2,000년경으로 보고 있으므로 구석기인들이나 몽고인들이 이들의 직접적인 조상인가는 아직 정확히 밝혀지지 않았다. 그러나 머리 형태가 길쭉한 것은 메소아메리카 최초의 문명이라 알려져 있는 올메카문명의 조상에서 흔히 볼 수 있는 것으로 이들이 몇천 년을 잠잠하게 살다가 문명을 일으켰다고 볼 수도 있다.

메소아메리카의 원주민은 별로 크지 않은 키에, 넓은 얼굴과 돌출된 광대뼈, 갈색의 피부로 몽고인들의 특징을 갖고 있다. 그들이 왜 5,000년 이상 조용히 있었는지에 대해서는 아직까지 아무런 이유도 발견되지 않았다. 어쨌든 이 몽고계통의 사람들은 지금 올메카라 불리우는 최초의 문명을 멕시코 만 연안에서 일으켰다. 그들은 현재의 타바스코 지방의 그리할바(Grijalva) 강, 오하카(Oaxaca) 계곡을 넘어서 문명을 서쪽으로 전파하고 남쪽의 치아파스(Chiapas) 지방으로도 전파시켰다. 오하카 지방의 문명은 다시 북진하여 멕시코 고원에 이르게 된다. 멕시코의 원주민은 크게 남쪽의 사람들은 마야, 서북쪽은 나우아(Nahua)족으로 불린다. 마야 사람들이 멕시코, 과테말라, 벨리스와 온두라스의 정글에서 흥망성쇠를 거듭하는 동안 나우아 사람들은 건조한 오하하카의 산맥과 멕시코 고지에서 여러 부족의 도시국가를 이루고 있었다. 여기에 메소아메리카문화에 접하지 못한 북쪽의 주민이 끼어들게 된다. 그들은 나우아 부족을 통합하여 하나의 제국, 아스테카를 이루었다. 이때까지 멕시코 주민의 피는 몽고계통의 사람에서 벗어나지 않았다.

그러나 1521년, 현재의 멕시코 시티에 있었던 아스테카제국의 수도, 테노치티틀란(Tenochititlan)이 이번에는 동쪽으로부터 대서양을 건너온 에스파냐의 침입자들에게 무너지면서 피의 구조는 달라졌다. 이 혼혈은 한 문명이 파괴되어야 새로운 문명이 나타나게 되는 운명이었다. 1492년, 콜럼버스에 의해 발견된 신세계가 유럽에 알려지자 에스파뇰라 섬과 쿠바에 유럽인이 몰려들었다. 그리고 1517년, 카리브해를 건너온 에스파냐의 원정대가 유카탄 반도의 서쪽에 그 모습을 드러냈다. 에르난 코르테스(1485~1547)를 우두머리로 한 그들이 베라쿠루스 지방의 해안가에 총과 대포를 쏘며 도착했다. 화력 무기에 놀란 그 지방의 우두머리는 에스파냐군에게 화친을 표시하는 선물을 보냈는데, 그 중에는 20명의 여자도 있었다. 그 중에서 '말린체'라고 불리는 여자가 코르테스의 눈에 띄었다.

이후에 '마리나'라는 에스파냐식 이름도 갖게 되는 이 여자는 멕시코 고원에서 사용되는 나우아어와 베라크루스-타바스코 지방에서 사용되는 마야어를 알고 있었다. 덕분에 그녀는 이후 코르테스의 통역자로서 현지의 사정을 샅샅이 알려주는 역할을 하게 되었다. 말린체로부터 코르테스는 당시 메소아메리카 전체에 영향을 미치고 있던 호수 위의 도시와 그 도시를 지배하는 목테수마 2세에 대해 들었다. 원주민 동족들로부터 '배반자'로 알려지게 되는 이 여자는 코르테스와 동거하며 마르틴 코르테스를 낳았다. 그는 최초의 메스티소로, 이렇게 하여 유럽인과 원주민의 혼혈인 메스티소가 등장하기 시작했다.

에스파냐 사람들은 그곳에서부터 산을 올라 해발 2,400m의 현재 멕시코 수도, 그 당시에는 호수 위에 떠 있던 섬의 도시, 테노치티틀란에 모습을 나타내었다. 섬의 중앙에는 두 개의 신전이 나란히 서 있고, 그 곳을 중심으로 사방으로 반듯하게 수로가 뻗어있어, 마치 요즈음 자동차들이 도로를 달리듯이, 그 위를 조그마한 배들이 떠다니고 있었다. 두 개의 신전 양쪽으로 늘어진 가게에서는 여러 가지 물건들이 가득 쌓여있고 많은 사람들이 오가며 흥정하는 모습은 에스파냐의 수도, 마드리드보다 훨씬 번화해 보였다.

그들이 호수 위의 도시를 파괴하는 데는 불과 2년도 채 걸리지 않았다. 에스파냐의 침략자는 소수였으며, 대부분이 군인들로서 남자밖에 없었다. 군사적으로 정복되자 종교적으로 정복하기 위하여 복음을 전하고자 온 사람들도 구교의 수도사와 신부들이 대부분으로, 여자가 귀하기는 마찬가지였다. 뒤이어 그의 부하들도 원주민의 여자들과 동거하였다.

그러나 멕시코 사람들이 생각하는 최초의 메스티소는 다른 사람이다. 코르테스가 유카탄에 나타나기 전인 1511년 에스파냐의 원정대가 유카탄 반도의 동쪽 카리브해에서 난파당하였다. 20여 명의 선원이 상륙했으나 모두들 원주민의 신전에 희생 제물로 바쳐지고 곤잘로 게레로(Gonzalo Guerrero)와 헤로니모 데 아길라르(Geronimo de Aguilar)만이 간신히 살아서 샤만칸(Xamancaan), 현재의 툴룸(Tulum) 근처로 도망쳤다. 샤만칸의 촌장은 두 사람을 나찬칸(Nachancaan), 현재의 체투말(Chetumal)로 보내었다. 그곳에 있는 동안에 아길라르는 다시 도망쳐서 에스파냐군에 합류했으나 게레로는 촌장의 딸과 결혼하였고, 원주민들에게 요새와 참호 만드는 법, 무기를 다루는 법을 가

르쳤고, 에스파냐 사람들과
싸우는 훈련을 시켰다.

코르테츠는 돌아오기를 권
유하기 위해 그에게 사람을
보냈으나 그는 이미 원주민
처럼 먹고, 입고, 몸에 색칠
을 하고 고국으로 돌아가기
를 거부했다. 그는 에스파냐
의 침입에 대한 마야사람들
의 공포와 불안을 함께 느꼈
다. 그는 아들들과 함께 여
러 전투에 참여하였다. 마침

헤로니모 데 아길라르와 최초의 메스티소인 그
의 자녀들(Fernando Castro Pacheco 그림,
Palacio de Gobierno de Yucatan).

내 다빌라(Davila)가 이끄는 전투에서 그의 맏아들 아 칸 무안
카불(Ah Kan Muan Kabul)과 함께 전사하였다. 이들은 체투말
의 함락을 10년 이상 지연시켰다.

그 후에 그의 아내와 자손들에 대한 이야기는 전해지지 않
는다. 프란체스코파 수사 죠세프 데 산 부엔아벤투라(Joseph De
San Buenaventura)의 『마야정복의 역사 *Historia de la Conquista
del Mayab*』에 의하면 그는 에스파냐의 배반자도 원주민의 옹
호자도 아니었다. 그는 다만 원주민들과 함께 사는 삶에 적응
했을 뿐이다. 그는 에스파냐의 침략을 막을 수 없다는 것을 알
면서도 함께 저항하였다. 후세의 사가들은 게레로의 경우를
'문화적 동질화(Aculturacion)'라 표현하였다. 게레로의 자손들

은 두 문화가 만나서 자연스럽게 이루어진 오늘날의 진정한 메스티소들이다.

유럽으로부터의 침입자들은 아직도 자신들이 원주민을 정복하였다고 생각하며 혈통을 질적으로 나누고 있다. 그들은 혼혈의 질에 따라 원주민의 피가 안 섞이고, 아메리카에서 태어났지만 오로지 유럽인의 피라고 주장하는 크리오요(Criollo)와 원주민과 섞인 유럽의 피가 메스티소, 그리고 정복 이후에 노예로 끌려온 흑인들의 피와 원주민의 피가 섞인 뮤래토(Mulato)로 나뉜다.

멕시코 시티에서 뮤래토는 거의 찾아볼 수 없다. 미국과 같이 원주민의 숫자가 너무 적어서 현재의 미국 사람들에게는 거의 흔적을 찾아볼 수 없는 경우도 있지만, 멕시코는 어느 쪽 피가 더 많이 섞여 있느냐에 따라 모습이 달라 보일 뿐 대부분의 사람들이 혼혈이라는 것에는 변함이 없다.

내가 대학원 시절에 '탈리아'라는 유명한 가수가 있었다. 그녀의 언니가 나와 같은 반에서 공부하였는데, 모두들 그 학생의 동생이 탈리아라는 데 놀라서 입을 벌렸다. 언니는 작고 통통하며 검은 머리였지만 동생은 팔등신 미인에 금발이었기 때문이다. 한 가족에서도 이렇게 다양한 인종적인 특징을 보게 되는 것이 조금도 이상하지 않은 곳이 멕시코 시티이다. 그럼에도 불구하고 우리들은 북미는 백인들의 나라, 중남미(실제로 멕시코는 지상상 북미에 속한다)는 원주민들이 많은 나라라는 선입관을 갖고 있는데, 아마도 「비바 사파타 *Viva Zapata*」

등의 영화를 통해 알려진 모습 때문일 것이다. 사파타[1]는 원주민의 특징을 많이 갖고 있는 메스티소의 모습이다. 1910년, 포르피리오 디아즈 대통령의 독재에 항거하여, 모렐로스에서 원주민의 공동체 사회의 회복을 외치며 혁명을 일으켰던 그도 이미 모습뿐 아니라 정신적인 면에서도 결코 원주민은 아니었다.

멕시코 시티는 어떻게 이루어졌나 : 세 문명의 공존

 엉겅퀴가 가득하고, 바짝 마른 풀과 선인장 사이로 나비가 날아다니는 건조한 황무지 같은 느낌의 도시를 상상하며 멕시코 시티에 왔던 나는 풀 대신에 날리는 먼지와 나비 대신에 휴지조각이 흩어져 있는 도시가 실망스럽기도 했으나, 난생 처음으로 외국에 나온 나로서는 모든 것이 신기하기만 했다. 먼저 도시의 중심지, 소칼로에 갔다. 소칼로는 에스파냐 사람들이 지났던 곳 어디에나 있는 도시구조이다. 사람들이 거의 살지 않은 시골 구석에서도 이런 구조가 발견되어 감탄했었다. 네모진 공간을 놓고 전면에는 성당, 양쪽으로는 궁전(권력이 행하여지는 곳), 다른 한쪽으로는 상가들, 성당의 맞은편에는 시청이 있다. 도로들은 이 사각형에서 출발한다. 가운데의 공간에는 대부분 공원이 조성되어 있어서 사람들이 거닐고 있다.

멕시코 시티에도 원래는 공원이 있었으나 근대에 이르러 광장으로 바뀌었다. 집회 및 시위가 자주 있다보니 그렇게 된 것이다. 시골 교사들의 집회, 노동자들의 농성이 아예 천막을 치고 살림을 하면서 이루어지는 경우도 많다. 독립 기념일이나

멕시코 시티 소칼로
왼쪽 아래에 지붕이 덮인 곳이 아스테카 유적의 발굴 현장, 가운데가 가톨릭 대성당, 멀리 위쪽으로 광장이 보인다.

연말에는 화려한 무대를 만들어 음악에 맞추어 너나 할 것 없이 모두 함께 춤을 추는 장소이기도 하다.

그곳에는 뾰족탑을 가진 대성당이 서 있다. 대성당은 정면에서 보면 조금 삐뚤어진 듯이 보인다. 안에 들어가니 높은 천장 끝까지 철근이 수없이 서 있는 것이 보수공사가 한창이다. 그러나 고고학자들의 말에 의하면 이 보수공사는 영원히 계속될 것이라고 한다. 멕시코 시티는 분화구 위에 세워진 도시다. 마그마가 솟아 오른, 즉 지반이 단단하지 않은, 대충 메워진 구덩이이다. 도시는 나날이 조금씩 내려앉고 있는데 그것조차도 일정하게 내려가는 것이 아니라 한쪽은 조금 더 빨리 다른 한쪽은 조금 더 단단하여 조금 느리게 진행되니 성당의 바닥

을 평평히 유지하는 것조차도 어려운 일이라고 한다.

성당의 주위나 다른 건물 아래에 있는 아스테카의 유적들도 당연히 눈에 보이지 않게 울퉁불퉁하게 기울어져가고 있다. 그렇지만 환태평양 조산대에 속한 이곳에서 수시로 일어나는 지진에도 불구하고 기울어지기는 해도 무너지지 않는 것은 고대의 유적들과 이런 성당들이다. 1985년 9월 20일에 있었던 지진은 30년 만에 온 대지진이라고 한다. 수많은 건물들이 기울어지거나 아예 무너져 버렸다. 다음날 오후 8시경 2차 지진이 오자 기울어졌던 건물도 마저 무너져 내렸다. 그 당시에 멕시코 시티의 크고 작은 건물 약 500여 개가 무너졌다고 하는데 그 명단에는 성당이나 피라미드는 없었다. 나는 17년 가까이 멕시코 시티에 살면서 수시로 지진을 겪었는데 피라미드가 지진에 무너졌다는 이야기는 들은 바가 없다.

신을 향하여 정성을 들이면 자연의 재해는 얼마든지 극복할 수 있는 모양이다. 어두컴컴한 성당 안에는 여느 성당과 마찬가지로 금으로 화려하게 장식된 조상들과 조그마한 성소, 파이프 오르간이 있으며 언제나 성당 한 편에는 누군가가 이끄는 미사가 이루어지고 있다.

대성당 옆에는 발목에 방울을 달고 짧은 치마에 망토를 쓰고 화려한 깃털을 꽂은 무용수들이 춤을 출 시간을 기다리고 있다. 그들은 아스테카 전사의 복장을 하고 있다. 아스테카의 무용은 아름다움을 뽐내거나, 성적인 자극과는 거리가 멀다. 그들은 전쟁 등 나라에 중요한 일을 수행할 때 모여서 춤을 춘다. 당연히 무용수들은 전사이고 남자들이었다. 이제 그들의 후예는 관광객을 위하여 그들의 역사를 팔고 있는 셈이다.

그 옆에 파혜쳐진 거대한 구덩이 속에 아스테카 유적이 있다. 1978년에 지하철을 세우려고 땅을 파다가 우연히 발견된 것이다. 유적은 윗부분은 없어지고 계단 부분만 남아있는데 비스듬히 쌓여진 계단 옆에 또 하나의 계단, 다시 또 하나의 계단이 있어 마치 양파의 윗부분을 자르면 여러 겹의 껍질이 보이는 것과 같아 보였다. 피라미드를 덧입혀 쌓았는데 윗부분이 파괴되어 그렇게 보이는 것이었다. 한 겹의 계단과 다른 한 겹의 계단 사이에는 기대어 서 있는 눈자위가 붉은 여러 신들의 조상이 있다. 피라미드의 바닥과 중간의 평평한 부분은 지진 때문인지 울퉁불퉁하게 기울어져 있었다. 한쪽에는 지붕을 덮은 부분이 있는데 그곳에는 벽에 붙어있는 제단이 있고, 붉은색과 푸른색이 칠해진 돋을새김이 있었다. 대성당도 아스테카의 유적도 화산석의 검은 돌로 되어 있어서 전체적으로 어두워 보였다.

식민지시대의 건물 사이를 발굴해야 하는 어려운 여건 가운데서 현재도 발굴이 계속되고 있는데 대강의 지도를 보면, 대신전, 작은 신전들, 구기장, 솜판틀리(Tzompantli), 시장 등 사료에서 전해지는 건물들이 실재했음을 알 수 있었다. 아스테카의 유적 바로 옆에는 현장의 발굴에서 나온 유물들을 전시한 박물관이 있다. 들어가는 입구에는 쌍둥이 피라미드라 불

솜판틀리
피라미드 왼쪽과 오른쪽 벽면에 돌로 된 두개골들이 보인다. 신전 내부에서는 실제 두개골들이 발견되었다.

리는, 지금은 가톨릭의 대성당이 있는 자리에 틀랄록(Tlaloc)과 우이칠로포츠틀리(Huichilopochtli)의 피라미드가 있었고 현재 귀금속 등을 파는 상가들이 집중되어 있는 쪽에는 아스테카의 시장이 있었다는 것을 보여주는 모형이 우리를 반긴다. 아스테카의 틀랄록과 우이칠로포츠틀리의 쌍둥이 신전에서는 매일같이 인간의 심장을 태양에게 바치는 의식이 행해졌다고 한다.

　아스테카제국의 마지막 황제인 목테수마 2세는 머지않아 제국이 멸망할 것을 느끼고 불안하여 하루에도 대여섯 명을 희생시켰다고 하니 일 년에 거의 2,000명이 되는 성인 남자가 죽어야 했을 것이다. 이 의식이 에스파냐의 정복자들에게는 아스테카문명을 파괴해야만 하는 악마적인 것으로 간주할 근거를 제시해주었다. 지금 남아있는 유적에서는 이 의식의 흔적을 찾을 수가 없다. 다만 틀라텔롤코(Tlatelolco)에서 발견된 두개골(165개)이 줄줄이 꿰어져 걸려있는 솜판틀리에서 그 사실을 짐작해볼 수 있다.

흑요석 칼
흑요석은 방향성이 있어서 깨어
진 면에 철로 된 칼에 못지않은
날카로움이 있다.

　박물관은 제1층에서부터 상당히 어두운데 이 곳에는 두개
골을 나뭇가지에 꿰어놓은 '솜판틀리'라 부르는 것과 실제 사
람의 크기라고 하나 높이 서 있어서 더 커 보이는 '독수리 전
사'라 불리는 독수리를 뒤집어쓰고 있는 토기인형이 있다. 돌
로 된 조각의 돋을새김이나 현재 전해지는 아스테카의 고문서
에 의하면 그들은 전쟁을 할 때에 새, 표범 등의 동물가죽을
쓴다. 한편으로는 양쪽에 눈을 단 흑요석 칼이 있고, 또한 뱀
을 장식한 화려하고도 무시무시한 흑요석으로 만든 칼이 있
다. 바로 살아있는 인간의 심장을 꺼내는 희생의식에서 쓰던
칼들이다. 그런가하면 멕시코 만과 태평양 해안에서 올라온
조개들도 있고, 각지에서 가져온 다양한 토기들이 있다.
　박물관을 나와서 오른쪽으로 돌아가면 비슷한 수도원형의
또 다른 박물관에 다다르게 된다. 이 곳에서는 불과 10㎝ 정

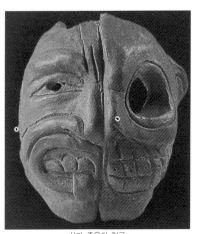
삶과 죽음의 얼굴
(Matos, 'El rostro de la Muerte'에서 다시 찍음).

도 크기의 찰흙 얼굴이 우리의 시선을 잡는다. 반쪽은 약간 나이가 들어 보이는 보통사람인데 다른 반쪽은 동공이 뻥 뚫어지고 잇몸까지 드러나 보이는 해골이기 때문이다. 삶과 죽음, 둘이자 하나인 것을 보여주는, 멕시코 시티 주변의 틀라틸코(Tlatilco)에서 발견된 이 얼굴은 선고전기, 기원전 약 1000년경에 만들어졌다고 한다. 메소아메리카문명이 막 시작했을 무렵이다.

이들 박물관들은 모두 식민지시대에 만들어진 건물에 들어 있다. 아스테카의 관청들이 있었던 그 위에 식민지시대의 관청들이 있었고, 대통령 집무실 등 몇 곳만 빼고는 요즈음의 관청부서들은 모두 레포르마(Reforma) 등의 현대 거리에 현대적인 건물로 이사 가고 박물관과 고고학회만 남았다. 옛 문명을 파괴하고 지은 곳에서 바로 그 파괴한 것을 찾고 연구하고 있는 셈이다. 개수와 보수를 위하여 땅을 파면 그대로 아스테카시대의 건물이 나온다. 쓸만한 유물을 건지고 사진 등으로 기록하고 다시 덮고자 하나, 건물이 끝나지 않고 계속 연결되기 때문에 대부분 열어 놓고 그냥 방치하고 있다. 윗건물을 헐어내고 고고학적 발굴을 하려고 해도 식민지시대의 건물들 또한 그들의 역사의 한 부분이기에 함부로 부술 수도 없는 것이다.

템플로 마요르(Templo Mayor, 대신전이라는 뜻, 여기서는 아스테카의 쌍둥이 신전을 가리킨다) 박물관 왼쪽으로는 대통령 청사가 있다. 청사는 식민지시대의 건물을 그대로 쓰고 있는데, 일부분은 관광객들에게 개방되어 있다. 사방이 건물로 둘러싸이고 가운데에 정원이 있는 식민지시대의 전형적인 건물이다. 계단을 올라가면 전면에 디에고 리베라의 그림이 있다. 아스테카시대와 정복자시대가 만나는 장면이 매우 사실적이고 상징적인 것으로 어우러져 묘사되어 있는데, 이 나라가 두 세계가 만나서 이루어진 것이라는 것을 보여주고 있다. 이 궁 주위로는 상가들이 혼잡하게 밀집해 있다. 이곳은 물건들이 싸고 대량으로 팔기 때문에 서민뿐만 아니라 전국의 각 도시의 소매상들로 항상 번잡하다. 많은 사람들이 오가고, 넘쳐나는 물건과 장사꾼들의 소리가 요란한 활기를 띠는 곳이지만, 밤이 되면(약 7시 이후) 가로등조차 희미한, 치안을 거의 믿지 못하는 우범지대가 되는 곳이기도 하다.

바로 이 한 가운데에 멕시코에서 가장 권위 있는 미술대학인 '아카데미아 산 카를로스(Academia San Carlos)'가 자리하고 있다. 우리나라에도 알려진 후리다 카를로(Frida Carlo)와 디에고 리베라(Diego Rivera), 그 외에도 호세 C. 오로스코(Orozco), 시케이로(Siqueiros) 등 멕시코 미술을 대표하는 사람들이, 사고

파는 사람들로 가장 혼잡한 이곳에서, 그들의 예술혼을 키웠던 것이다. 복잡한 거리를 뚫고 수도원풍의 문을 열고 들어가면 장사치들의 소리는 아득히 멀어지고 가운데에 공동 정원을 갖고 사면이 석조 건물로 둘러싸인 식민지시대 건축의 전형적인 형식과 마주치게 된다. 회화실, 조소실 등 각 작업실마다 물감과 흙들을 묻히고 작품에 열중하는 학생들이 눈에 띈다.

이 복잡한 곳의 한쪽 끝부분인 떼삐또(Tepito)는 일반품과 함께 밀수품들이 버젓이 나도는 시장으로 우리나라 사람들이 총을 들고 장사를 하는 곳이다. 멕시코 사람들도 가기를 꺼리는 이곳에서 대한민국 사람들이 위험을 무릅쓰고 밤낮을 가리지 않고 장사하여 불과 10년 사이에 많은 점포를 갖게 되었다. 물론 그만큼 사고도 많이 난 곳이다.

대통령 청사라면, 우리나라의 청와대에 해당하는 곳이다. 청와대 주위가 동대문과 남대문 시장에 둘러싸여 사람들이 북적인다고 상상해보라. 경호와 나라의 권위에 문제가 있다고 할 것이다. 그러나 이곳에서 대통령이 피격당한 일은 없다.

소칼로에서 복잡한 인상을 받은 뒤, 버스를 타고 우리의 종로에 버금가는 레포르마(Reforma), 개혁이라는 의미의 길을 가면 메뚜기라는 뜻의 차풀테펙 공원이 나오고 뒤이어 인류학박물관이 나온다. 이 박물관은 멕시코의 가장 대표적인 곳으로, 인류학에 관심이 있거나 없거나, 거의 모든 관광객이 반드시들르는 곳이다. 이곳에는 아메리카 원주민의 기원에서부터 문명 이전의 시대, 최초의 문명이었던 올메카, 신들의 도시로 메소아메리카한, 가장 중요하였던 두 신 틀락록(Tlaoc)과 케찰코아틀(Quetzalcoatl)이 숭배되었던 테오티우아칸(Teotihuacan), 열대우림에서 번성하였던 마야, 남서부의 산꼭대기에 있는 죽은 자들의 도시 오하카(Oaxaca), 미국 남부의 유목 원주민과 유사한 북서쪽의 건조지대 문화, 멕시코 고원과 마야문명의 특색이 어우러져 나타나는 우아스테카(Huasteca)지역문명이 모두 전시되어 있을 뿐 아니라, 현재 원주민들이 사는 모습을 지방의 특색에 따라 재현해놓았다. 원주민들의 문명이 있었던 이 지역들은 지금도 원주민들이 그들의 언어를 사용하며,[2] 옷차림과 음식, 명절을 지내며 다양한 개성을 가진 메소아메리카 문화의 모습을 그대로 보여주고 있다. 겹겹이 쌓여있는 돌로 된 조각품들과 토기들 사이에서 박물관의 가운데에 있는 분수대의 정면으로 들어가면, 중요한 고고학적 발견으로 평가되는 두 개의 돌조각이 보인다.

1978년, 소칼로의 대성당 옆으로 지하철이 지나가는 길을 만들기 위해 발굴을 하던 사람들에게 팔과 다리가 잘려진 사람의 모습을 한 돌의 귀퉁이가 보였다. 이어서 계단들이 나났다. 공사는 중단되었고 바로 고고학적 조사가 이루어졌다. 지반은 울퉁불퉁 하였지만 피라미드의 계단 아래쪽이 나났다. 계단의 낭하는 뱀의 얼굴과 머리로 장식되어 있고, 계단 위에는 벽으로 나누어진 방들과 벽에 붙은 제단이 보였다. 제단의 주위는 뱀과 사람으로 장식되었다. 붉은색, 푸른색의 화

코욜사유키

아스테카의 시조 우이칠로포츠틀리의 누나로, 죽임을 당한 뒤 사지가 잘려졌다(INAH, 'The Art in the Great Temple'에서 다시 찍음).

려함과 그림, 위치 등으로 보아 인신공양이 행해졌던 장소처럼 보였다. 이곳은 1990년에 멕시코 국립대학의 인류학 연구소에 의해서 제단에 남겨진 물질의 화학반응 실험을 해본 결과 알부민과 지방산이 높게 나와서 실제로 이러한 일이 일어났었음을 증명하였다. 뱀이 내려오는 난간의 한 쪽에서 팔, 다리, 머리가 잘려진 여인의 모습이 새겨진 원반돌이 발견되었다. 매우 그로테스크한 이 돌을새김의 주인공은 코욜사유키(Coyolsayuqui)이다. 아스테카제국의 건설자 우이칠로포츠틀(Huichilopochtli)의 누나이다.

이듬해에는 대성당의 한 귀퉁이로 연결되는 다른 한쪽의 난간 밑 부분에서 높이 15㎝, 직경 3m 58㎝의 거대한 돌이 발견되었다. 그 돌에는 여섯 개의 다른 띠가 조각되어 있었다. 첫 번째의 띠, 돌의 가운데에는 태양신 토나티우(Tonatiuh)의 얼굴이 조각되어 있었다. 두 번째의 띠에는 네 개의 이전의 세계, 4재규어, 4바람, 4비, 4물이 사이사이에 움직임을 의미하는 숫자 4를 나타내기 위해 1을 네 번 그렸다. 세 번째 띠에는

아스테카 사람들의 달력을 보여주는 20개의 다른 표상들이 보였다. 네 번째 띠에는 태양열과 우주를 상징하는 세모꼴의 빛이 있고 다섯 번째에는 이것과 관계되는 다른 표상들, 그리고 마지막 띠에는 두 마리의 날개 돋친 뱀이 입을 벌리고 얼굴을 마주하고 있는데 그 입속에서 태양신 토나티우의 얼굴이 나오고 있다. 태양의 돌이라 불리는 것이다. 이 돌 위에서 사람의 심장을 바치는 의식도 행하여졌다고 한다. 뱀, 잘리워진 코욜사유키와 태양의 돌이 아스테카의 가장 중요한 상징물이었다는 것을 느끼게 한다.

인류학박물관의 맞은편 언덕 위에 역사박물관이 있다. 여기는 인류학박물관의 명성에 밀려 외국인 관광객은 거의 오지 않는, 있는지조차도 잘 모르는 곳으로 식민지시대의 역사가 전시되어 있다. 차풀테펙 공원은 독립 후 30년이 지나는 동안에 무려 50개의 정권이 설 정도로 혼란한 멕시코를 지배하고자 했던 프랑스가 보낸, 유일한 파란 눈의 황제 오스트리아 왕가의 막스밀리아노가 살았던 곳이다. 그는 바로 이곳에서 갈색 피부의 초대 대통령 베니토 후아레스(Benito Juarez)에 의해 처형당했다. 1521년 에르난 코르테스에 의해 아스테카문명이 멸망한 후에 유럽인들은 신세계로 몰려들었다. 아스테카 사람들은 그들의 노예로 전락하였고, 유럽에서 온 백인계 사람들은 토지와 광산을 소유하고 많은 노예를 부리는 등 식민지시대라는 풍요의 세월을 누리며 화려한 건축과 도자기를 발전시켰다.

300년경에 식민지에서 출생한 백인들, 즉 크리오요들은 식민지를 지배하는 본국의 정치, 군사, 종교 등 모든 면에서의 차별과 특히 식민지의 발전이 아니라 본국만을 위한 경제 정책에 반발하였다. 그들은 에스파냐 본국이 유럽의 정세에 밀려 약화된 틈을 타서 독립을 시도하였다. 베네수엘라의 시몬 볼리바르가 1811년 7월 5일 독립선포를 하고 시작된 전쟁은 전 라틴아메리카를 휩쓸었고 멕시코에도 이 열풍이 몰려왔다.

멕시코에서 처음으로 독립을 선언한 사람은 미겔 이달고 신부였다. 1810년, 독립운동을 하는 사람들이 감옥에 갇히자 그는 신자들과 함께 무기를 들고 멕시코 시티로 진격하였다. 당시의 주교는 이러한 그를 파문하고 이달고 신부는 체포되어 사형을 당했지만, 지금은 매년 9월 16일, 독립기념일에 이달고 신부의 독립을 향한 종소리를 재현하는 것으로 기념식을 시작한다. 1821년 9월 각주의 대표가 모여 독립을 선언한 뒤 나라는 혼란스럽기 짝이 없었다. 멕시코 내에서는 각 지방의 실력자들이 정권을 쟁취하기 위하여 싸우는 동안 미국은 텍사스 지방을 원하였고, 프랑스는 에스파냐가 물러간 멕시코를 원하였다.

미국은 멕시코를 향해 남쪽으로 진격하였다. 당시의 자칭 황제였던 산타안나가 도망간 사이 차풀테펙 성으로 쳐들어오는 미군을 막아보고자 수많은 어린 병사들이 죽었다. 공원의 입구에는 이들을 기리는 기념탑들이 있는데, 사관학교 생도였던 '어린 영웅들(Ninos Heroes)' 중 6명의 이름이 적혀있다. 1847년, 차풀테펙에는 미국기가 휘날리고 미국은 캘리포니아, 뉴멕시코, 아리조나, 텍사스, 플로리다를 얻게 되었다. 멕시코 정부가 피폐한 재정상태로 인하여 외채상환과 이자지불을 중단하자 프랑스는 영국, 에스파냐와 함께 군대를 보냈다. 1863년에 대부분의 멕시코를 장악한 프랑스는 1864년, 오스트리아 황실의 막스밀리아노(Maxmiliano)와 까를로따(Carlota)를 보냈다.

막스밀리아노는 프랑스의 기대와는 달리 개혁적인 제국법을 제정하고 주민을 위하여 좋은 정치를 하고자 애썼다. 그러나 공화정을 바라는 사람들에게 그는 장애물일 뿐이었다. 황제부부를 처형시킨 사람은 갈색피부의 원주민 혈통을 많이 보이는 초대 대통령 베니토 후아레스였다. 원주민들은 그가 유럽의 잔재를 없애고 주민을 위한 세계가 되기를 기대했다. 그러나 중남미의 독립은 자유사상 전파의 결과라기 보다는 크리오요의 이해가 본국의 간섭에 배치된 상황에서 나온 것으로 에스파냐로부터의 독립도 크리오요 출신이 주도하였다.

원주민들의 입장에서는 에스파뇰(에스파냐 사람)에서 크리오요로 이름이 바뀌는 것 이외에는 달라지는 것이 없었다. 오히려 더 나빠졌다. 본국에서는 크리오요의 세력이 커지는 것을 막기 위하여 크리오요의 원주민 과대착취를 억눌렀지만, 이제 크리오요 세상에서는 원주민의 항거를 누르기 위하여 더 악랄한 착취가 시작되었기 때문이다. 파란 눈의 황제 막시밀리아노가 전체 주민을 위한 정치를 펴려고 애쓰는 동안 후아레스에 의해 무너진 것은 그런 역사의 뒤엉킨 면이었다. 그러나 피부색에 관계없이 크리오요의 이익을 대변하는 후아레스를 맞이한 멕시코의 새 정부는 혼란에 빠졌다.

혼란한 틈에서 포르피리오 디아스(Porfirio Diaz)의 독재정권이 들어선다. 그의 통치 하에서는 전체 95%의 땅을 5%의 최고 지배계급이 나누어 갖고 있었다. 1910~1920년에 원주민이 살 땅을 찾고자 혁명을 일으킨 것은 너무도 당연한 결과였다. 그러나 혁명을 이끈 사파타(Emiliano Zapata), 빌야(Pancho Villa), 마데로(Francisco Madero)가 도중에 살해당함으로써 원주민의 땅에 대한 권리, 부의 대등한 분배는 오늘날까지 숙제로 남아있다.

이곳은 아스테카제국을 일으킨 아스테카족이 멕시코 고원

에 들어서서 처음으로 살았던 곳이기도 하다. 그들은 아스틀 란(Aztlan)이라는 곳에서 출발하여 멕시코 시티를 향하여 먼 길을 걸어온 사람들이었다.

인류학박물관의 아스테카 전시실에 들어서면 푸른 물위에 떠있는 녹색의 섬 사이에 십자로 뻗은 두 운하가 있고 중심에 두 채의 집과 주위에 여러 집이 있는 그림이 눈에 띈다. 1519 년 11월 9일에 멕시코 시티에 도착했던 에르난 코르테츠 일행 이 본, 아스테카부족의 도시 테노치티틀란의 모습이었다.

에스파냐의 침입자들은 정비된 도시와 뱀과 새들의 모양으 로 조각된 건물들을 보며 아스테카제국의 발달된 문화에 놀라 고 한 건물에는 정면에 해골이, 다른 한 건물에는 물안경을 쓴 듯한 신이 조각되어 있는 신전의 계단을 올라가며 엉겨 있는

테노치티틀란 상상도
네 갈래로 나누어진 운하와 쌍둥이 신전이 보인다
(Museo Nacional de Antropologia, Mexico D.F.).

핏자국들을 보며 더욱 놀랐다. 계단 맨 꼭대기에 있는 방의 벽에는 약 8㎝의 두께로 피가 엉겨 붙어 도살장보다도 더 고약한 썩는 냄새가 났다. 황금을 찾아온 이들은 황금 대신에 태양에게 인간의 심장을 바치는 거대한 제국을 발견하였던 것이다.

멕시코의 과거, 그러나 현재를 이루는 것

아스테카족의 이주

멕시코의 고원에서는 나우아라는 언어를 쓰는 여러 부족들이 조그마한 도시국가를 이루어 때로는 싸우고 때로는 돕는 등 서로 경쟁하며 살고 있었다. 이들의 삶의 모습은 북쪽에서 내려온 아스테카라는 부족이 끼어들면서 달라지게 된다. 고문서에 보이는 그들의 모습은 짐승가죽으로 만든 옷을 입고, 활이나 흑요석이 꽂힌 방망이를 들고 있다. 화려하게 수놓인 무명옷을 입고 있는 멕시코 고원지대의 부족에 비하면 그들은 아직 문명이 시작되지 않은 삶을 살고 있었다.

아스테카 사람들은 아스틀란으로부터 200년간 남하하여 기원후 약 1300년경에 비로소 멕시코 고원지대에 그 모습을 나타낸다. 멕시코의 고원지대에는 이미 많은 부족들이 살고 있었다. 아스테카족에게는 거의 늪에 가까운 사람이 살기에는 부적합한 땅 밖에는 없었다. 그러나 아스테카족은 멀리 던질 수 있는 짧은 창과 흑요석의 칼이 무수히 박힌 망치와 화살을 사용하는 강력한 전사의 부족이었고 멕시코 고원을 향하는 동안에 거쳐온 싸움이 그들을 더욱 전쟁에 능한 부족으로 만들었다. 그들의 이주에 관한 전설은 다음과 같다.

아스테카 사람들은 북쪽에 있는 아스틀란이라는 곳에서 살았다. 어느 날 언제나 마을의 크고 작은 일을 예언하는 할머니 치말마(Chimalma)가 사람들에게 말했다. "오래 전부터 전사들은 모름지기 집을 떠나 자유를 위해 싸우거나 밖에 나가 다른 부족들을 점령해야한다. 너희들은 이곳을 떠나 새로운 터전을 찾을 때가 되었다." 1116년, 1부싯돌의 날에 8부족이 소용돌이치는 강을 건너 꼬부라진 산에 도착하니 한 동굴에서 신령이 나타나 말했다. "그가 너희들을 아틀란에서 나오게 하였다. 그가 너희를 인도할 것이다. 그의 이름은 우이칠로포츠틀리이다."

그들은 따모안찬(Tamoanchan)에 도착하여 큰 나무 옆에 제단을 세우고 살았다. 5개월이 지난 어느 날 천둥 같은 소리가 나며 나무가 둘로 갈라졌다. 그들은 이 일이 무엇을 의미하는지 신께 여쭈어 보았다. 신은 "너희들 4부족은 이 곳을 떠나 계속해서 약속된 땅을 찾으라"고 말하였다. 그 말을 듣고 헤어지는 것이 섭섭하여 모두 울었다.

네 명의 지도자를 따라 새 땅을 찾는 것을 계속하는 동안 독수리와 같은 모습을 한 신이 나타나

아스테카의 이주
큰 나무가 둘로 갈라져서 새로운 땅을 찾아 순례를 계속할 것을 말하였다('Tira de Peregrinacion' 에서 다시 찍음).

활, 화살, 가슴방패를 주었다. 멕시코 고지를 향하여 순례를 계속하는 동안 치남파(Chinampa)³⁾라는 관개가 된 농지를 일구는 법과 신을 위한 술인 풀케(Pulque)⁴⁾ 만드는 법도 배웠다. 그들은 여정에서 만나는 많은 부족들과 싸워야만 했다. 1280년 그들은 마침내 멕시코 고원의 차풀테펙에 도달했다. 그들은 테파네카(Tepaneca)족의 호의로 그곳에 살게 되었다. 그러나 그곳의 찰카(Chalca)부족과 싸워 크게 겼다. 그들은 동굴로 피하여 숨어서 울면서 그들을 이끌 신 우이칠로포츠틀리는 언제 나타나는가를 신에게 물었다. 그들은 코아틀리쿠에(Coatlicue)에게 우이칠로포츠틀리가 잉태되었다는 것을 알았다.

어느 날 코아틀리쿠에가 기도를 올리려 뱀의 산에 갔다가 깃털이 달린 공을 발견하고 허리에 찼다. 며칠 후 그녀는 깃털

이 몸속으로 들어가 아이가 생겼다는 것을 알았다. 배가 불러 오자 코아틀리쿠에의 자식들은 그것을 눈치챘다. 그들은 화가 나고 어머니가 수치스러웠다. 큰누나 코욜사유키가 아버지가 누구인가를 물었다. 어머니는 깃털 때문이라고 설명했지만 코 욜사유키는 믿지 못했고 동생들에게 어머니가 그들을 욕되게 하였으니 부정한 아이를 가진 어머니를 죽이는 것이 마땅하다 고 말했다.

마침내 전사의 옷으로 차려입은 아이들과 코욜사유키는 '뱀의 산'으로 향했다. 산의 맨 꼭대기에 이르렀을 때 우이칠 로포츠틀리는 완전히 무장을 하고 태어났다. 그는 '시우코아 틀(Xiuhcoatl, 불뱀이라는 뜻)'로 알려진 불타는 무기를 휘두르 며 코욜사유키의 가슴을 찌르고 재빨리 머리를 베어 '뱀의 산' 가장자리에 놓았다. 그녀의 몸은 산 아래로 굴러 떨어져 산산 조각이 나고, 팔·다리를 비롯한 몸체가 사방에 흩어졌다.

계속하여 우이칠로포츠틀리는 도망가는 이복형제들을 추 격하여 죽였다. 몇 명만이 겨우 도망에 성공하였다. 그 중의 하나였던 이복누나 말리날소치(Malinalxoch)의 아들 코필(Copil) 이 자라서 우이칠로포츠틀리에게 반격했다. 그러나 코필은 우이칠로포츠틀리의 상대가 되지 못하였다. 그의 목은 '뱀의 산' 위에 올려지고, 팔·다리·심장은 잘려지고 꺼내어져 사방 으로 던져졌다. 코필의 심장이 떨어진 곳에서 선인장이 하나 솟아났고 그 위에 독수리가 앉았다. 마침내 예언의 장소를 발 견한 것이었다. 그곳은 아스테카 사람들이 방랑을 끝내고 나

라를 세울 땅이었다. 1325년의
일이다.

아스테카의 상징
선인장 위에 뱀이 있고 그 뱀을 독수리
가 잡고 있는 모습(Heiden, 'Mexico:
origenes de un simbolo'에서 다시
찍음).

멕시코의 건국 설화는 전세계
의 모든 나라의 전설처럼, 세속
적인 것과 신성한 것이 섞여있는
상징들로 엮어졌다. 그들이 출발
한 아스틀란, 7개의 동굴이 어디
였는지는 아직 밝혀지지 않았다.
이 동굴의 이야기는 메소아메리
카의 여러 곳에서 들을 수 있다.
아마도 생명이 나타난 곳의 상
징일 것이다. 짐승의 가죽을 입은 그들의 차림으로 보아 그
들은 멕시코 고원주위에 살고 있던 나우아족보다 문명의 혜
택을 덜 받고 있었던 종족일 것이다.

이때 멕시코 고원지방에서는 면직물을 만들어 때로는 그
위에 화려한 수를 놓은 옷을 보편적으로 입고 있었던 것이다.
어쨌든 멕시코 북쪽의 척박한 땅에서부터 아스테카 사람들은
좀더 살기에 적합한 곳을 찾아 계속적으로 이주를 한 것으로
보인다. 그들은 어떤 곳에서는 오래 머물기도 하였다. 그러나
이미 정착해서 살고 있던 사람들은 그들이 끼어드는 것을 좋
아하지 않았다. 그들은 쫓겨났고 새로운 곳으로 들어가기 위
해서는 싸움을 계속해야만 했다. '활, 화살, 가슴방패'를 신이

전해주었다는 것이 그들의 정복 싸움의 정당성을 말하고 있다. 이는 아스테카의 군국주의적 성격과 그들이 멕시코 고원에 들어서기 위한 싸움이 치열했음을 나타낸다.

이 부분은 전설의 역사성을 보여준다. 전쟁은 지도자 우이칠로포츠틀리의 누나 코욜사유키와 조카 코필의 시체를 뱀의 산에 올리는 것으로 끝났다. 즉, 전쟁의 패배자를 뱀의 산이 상징하는 피라미드의 제단 위에 희생물로 바친 것이다. 우이칠로포츠틀리는 아버지 없이 태어났다. 또한 코욜사유키와 코필의 잘려진 시체는 사방에 뿌려졌다. 대지 위에 뿌려진 이 시체 위에서 인간이 먹을 수 있는 모든 것이 자라게 될 것이다.[5] 이 부분은 신비로운 태생을 가진 우이칠로포츠틀리뿐만 아니라 살해된 두 사람도 신성시되는 부분이다. 동시에 후일 제국을 이끄는 근간이 된 '인간 희생제의'의 신성함과 정당성을 보여준다.

한편 우이칠로포츠틀리를 이끈 독수리는 아스테카족의 상징이 되었다. 그리고 그들은 종족의 이름을 아스테카에서 멕시카(Mexica)로 바꿨다. 멕시카는 '달의 배꼽'이라는 의미이다. 배꼽은 생명이 나오는 곳이다. 태양이 신이라면 달은 태양의 다른 한쪽이다. 즉, 멕시카는 근원을 의미한다. 현재 멕시코라는 나라이름은 여기서 유래되었다.

고원지방의 이방인이었던 아스테카족이 스스로 근원, 주인임을 표방하고 세력을 펴기 시작했다. 그러나 그들의 앞길은 험난했다. 그들이 정착한 곳은 갈대가 자라는 습지였고 또 이미 살고 있던 주위 부족들의 방해도 많았다. 처음에는 강력한 부족의 하나였던 테파네카부족(los tepanecas)의 신하로 시작한 아스테카부족은 찰코(Chalco)를 상대로 벌어진 꽃 전쟁에서 차풀테펙의 땅 한 귀퉁이를 얻었다.

꽃 전쟁은 신에게 바칠 인간제물을 얻기 위한 전쟁이었다. 아스테카가 이 전쟁에 참여한 데에는 두 가지 이유가 있었다. 하나는 제국을 확장하기 위한 전쟁이 없을 때에 실제의 전쟁에서 쓰이기 위한 연습, 둘째는 역시 그들도 신에게 바칠 제물을 찾기 위해서였다.

고원지대에는 강력했던 톨테카(Tolteca)족의 나라 툴라(Tula)가 있었다. 툴라는 현재의 멕시코 시티 서북쪽에 위치하고 있는데, 동남쪽의 마야지역과 교역하며 매우 번성하였다. 특히 그들은 아직 고원에 널리 퍼지지 못하였던 피라미드 건설에 능하였다. 톨테카족은 '건설자'를 의미한다. 그들에게는 신이자 왕인 케찰코아틀이 있었다. 케찰코아틀은 그들의 모든 지식과 능력을 준 존재였으나, 어느 날 동쪽으로 가 버렸다. 그가 떠나면서 남긴, "언젠가는 다시 돌아오겠다"는 말이 아스테카제국의 멸망을 재촉하였다고 한다.

톨테카족은 케찰코아틀의 후예를 자처하는 고원 최고의 문화민족이었다. 케찰코아틀은 이미 오래전, 기원후 약 700년경에 고원에서 자취를 감춘 테오티우아칸(Teotihuacan)의 신이었다. 테오티우아칸은 멕시코 시티의 북쪽으로 버스로 약 1시간 거리에 있다. 테오티우칸은 '신들의 장소'라는 뜻이다. 그곳에서 메소아메리카문명의 중요한 신들이 태어났다.

틀랄록은 동그란 눈에 물안경을 쓴 듯한 모습을 하고 있다. 그는 비의 신이다. 이 신의 활동은 농사의 풍요와 절대적으로 관련이 있다. 동시에 그는 전사의 신이다. 틀랄록의 상징은 소라고동의 잘라진 단면인데, 이것은 바로 별, 특히 샛별의 상징으로 쓰였다. 샛별의 붉은색과 아침과 저녁에 나타나는 이중성, 태양과의 거리에 따라 때때로 하늘에서 보이지 않는 특성을 관찰하는 것은 그들의 생업인 농사에 중요했고 동시에 정치적으로는 전쟁의 이유를 제공하였다. 따라서 샛별을 상징으로 쓰는 틀랄록은 동시에 전쟁의 신이기도 했다.

아스테카시대에는 시조 우이칠로포츠틀리가 전쟁의 신 역할을 하였으므로 틀랄록은 비의 신으로서의 역할이 강조되었다. 케찰코아틀은 뱀의 몸에 깃털이 있는 신이다. 그는 땅 위를 기는 뱀의 권력과 하늘을 나는 새의 능력을 함께 가진 전지전능한 신이다. 그는 생명을 주는 권력과 뺏는 능력을 함께 가졌다. 그는 태양과 달의 태어남을 지켜보았고, 신들을 희생함으로써 태양이 운행하는데 절대적인 역할을 하였다. 테오티우아칸은 여러 신들을 모시고 번영하였다.

메소아메리카의 특징인 활발한 장거리 교역은 특별히 테오티우아칸에서 절정을 이루어 이 도시에는 여러 지역에서 온 사람들이 각각 그들의 집단 주거지를 이루었다. 테오티우아칸은 300년에서 600년 사이에 문명의 절정을 이루며 그들의 영향력은 유카탄 반도 북쪽의 도시들과, 과테말라의 카미날

후유(Kaminaljuyu), 현재의 과테말라 시티와 티칼(Tikal)에까지 미쳤다.

약 700년경에 그들이 왜 도시를 버리게 되었는지는 고고학자들이 아직 이유를 찾지 못했다. 툴라는 그 테오티우칸의 후예라 주장하며 문명을 다시 꽃피웠다. 실제로 툴라지역의 작은 도시인 칭구(Chingu)는 테오티우칸 건설에 사용된 대부분의 석회를 공급하였다는 것이 밝혀졌다. 그러나 툴라도 아스테카족이 고원에 입성한 1200년대에는 케찰코아틀의 떠남과 함께 사라진 상태였다. 테오티우아칸의 제5태양의 전설은 아스테카족에도 적합했다. 그들은 이주자로 남는 것보다 그들의 기원을 테오티우아칸에서 찾았다. 아스테카족은 스스로를 톨테카의 후예라 불렀다. 그들은 기꺼이 태양의 신에게 인간의 심장을 바쳤다.

다섯 번째 태양

13번째의 하늘에서 창조자는 네 명의 아들을 낳았다. 첫째는 붉은 테즈카틀리포카(Tezcatlipoca)이고 둘째는 검은 테즈카틀리포카, 셋째는 케찰코아틀, 막내는 우이칠로포츠틀리이다. 처음의 세계는 검은 테즈카틀리포카가 지배하는 대지였다. 케찰코아틀은 지팡이를 휘둘러 검은 테즈카틀리포카를 바다로 떨어뜨리지만, 그는 다시 떠올라 커다란 재규어가 되고, 이어 큰곰 별자리가 되어 하늘에 나타났다.

케찰코아틀에 의해 지배되는 바람의 세계는 검은 테즈카틀리포카에 의해 멸망했다. 비의 신 틀랄록은 비의 세계를 지배했는데 비처럼 내리는 화염을 보낸 케찰코아틀에 의해 파괴되었다. 네 번째의 것은 물의 세계인데 대홍수가 이 세계를 파괴했고 사람들은 물고기로 변했다. 그러나 신들은 모든 사람들을 없앤 것을 후회하였다. 케찰코아틀은 물고기로 죽은 사람들의 뼈를 찾기 위해 지하 세계 믹틀란(Mictlan)으로 위험한 여행을 하였다. 그는 귀중한 뼈들을 회수하여 동굴로 가져갔다. 케차코아틀이 가져온 뼈를 갈아 밀가루처럼 만든 뒤 신들은 그들의 피를 그 위에 떨어뜨려 사람이 다시 태어나게 하였다. 이리하여 다섯 번째의 세계가 만들어졌다. 그러나 아직 빛이 없었다.

어둠 속에 있을 때 신들은 테오티우아칸에 모여서 회의를 열었다. "이리로 오시오, 신들이여! 누가 이 짐을 떠맡겠소? 누가 빛을 주겠소? 누가 새벽을 가져오겠소?" 이때 테쿠시스테카틀(Tecuciztecatl)이 재빨리 그 일을 하겠다고 나섰지만, 모두들 두려움에 떨면서 그 모든 것을 들으며 조용히 있는 나나우아친(Nanahuatzin)을 추천했다. 이리하여 화장용 장작이 준비되는 동안, 테쿠시스테카틀과 나나우아친은 나흘간 단식을 하며 봉납물을 바쳤다. 테쿠시스테카틀은 케찰새의 깃털과 풀 뭉치를 상징하는 황금 덩어리, 희생의 피대신에 붉은 산호와 향기로운 수지향을 피웠다. 반면에 나나우아친은 아홉 개의 푸른 갈대와 소나무의 수염뿌리 그리고 자신의 피가 묻은 용설란 가시와 스스로의 부스럼 딱지를 태워 향을 피웠다. 나흘 후 테쿠시스테카틀과 나나우아친과 다른 신들은 뜨겁게 타오르는 장작더미 주위에 섰다. 먼저 테쿠시스테카틀에게 화염 속으로 뛰어들라고 하자 테쿠시스테카틀은 장작더미를 향하여 다가섰지만 뜨거운 열과 이글이글 타오르는 불꽃에 겁을 먹고 머뭇거렸다. 신들이 그를 격려하였고 그는 네 번이나 불로 뛰어들려고 했지만 차마 하지 못하였다. 보다 못한 신들이 나나우아친에게 말하자 그는 숨을 모으고 그대로 자신의 몸을 활활 타오르는 불속에 던졌다. 나나우아친의 영웅적인 죽음을 본 테쿠시스테카틀도 곧바로 불속으로 뛰어 들었다.

테쿠시스테카틀과 나나우아친의 죽음 후 다른 신들은 그들이 어디서 나타나는지를 보기 위해 기다렸다. 몇몇 신들이 동쪽을 바라보며 그곳으로 나타나기를 기다리는데 사방으로 빛을 내뿜으며 태양이 떠올랐다. 그 빛은 너무 강해서 똑바로 쳐다볼 수가 없었다. 이제 나나우아친은 태양신 토나티우(Tonatiuh)가 된 것이다. 잠시 후 테쿠시스테카틀도 동쪽에서 나타났다. 그 둘이 너무 비슷해서 세상이 너무 밝아지지 않을까 염려한 신들 가운데 하나가 테쿠시스테카틀의 얼굴을 향해 토끼를 던졌다. 이때의 상처로 달은 태양보다 빛이 약해졌고 보름달이 떠 있는 동안은 달에 앉아 있는 토끼를 볼 수 있다고 한다.

해와 달이 태어나기는 하였으나 조금도 움직이지 않았다.

토나티우는 해와 달이 움직이기 위해서 희생의 피를 요구했다. 신들은 스스로를 희생하기로 결정했다. 소로틀(Xolotl) 신이 처음으로 선택되자 그는 울면서 도망쳤다. 그는 녹색 옥수수밭으로 도망쳐 얼굴을 길게 바꾸어 두 줄기의 옥수수로 있다가 들키자 다시 마게이 숲으로 도망쳐 마게이로 변했다. 이 역시 들키자 물속으로 도망쳐 올챙이가 되었으나 결국은 잡히고 말았다. 마침내 케찰코아틀이 소로틀을 시작으로 차례로 신들의 심장을 흑요석의 칼로 도려내어 토나티우에게 바쳤다. 이리하여 우주의 질서가 생기고 난 후 처음으로 나우이 욜린(Nahui Ollin, 나우아족 말로 움직임이라는 뜻)이 있었다. 마침내 다섯 번째의 세계가 시작된 것이다. 그 후 사람들도 신들이 자신을 희생시켰던 것처럼 나우이 욜린을 계속하기 위하여 심장과 피를 바쳐야 했다.

고원을 지배하게 되기까지

아스테카족의 놀라운 점은 이주해온 집단으로서 변방에 살다가 빠른 시간 내에, 비록 아츠카포찰코(Atzcapochalco)의 영향 아래에는 있었지만, 멕시코 고원의 중심국가로 성장하게 된 것이다. 거기에는 아스테카족이 툴라의 후계자라는 혈통의 정당성이 있었다. 그들은 어떻게 툴라의 후계자가 되었을까?

나중에 멕시카로 이름을 바꾼 아스테카족은 원래 북쪽의 유목민 치치메카족이었다고 알려져 있다. 그들이 예언을 듣고,

풍요로운 멕시코 고원을 향했다. 그들은 1300년경이 되어서야 현재의 멕시코 시티인 텍스코코 호수에 도착하여 돌과 습기가 많은 척박한 땅의 한 귀퉁이, 뱀이 많은 땅, 티사판(Tysapan)에서 살게 되었다. 그곳은 쿨루아(Culua) 사람들의 땅이었다. 쿨루아 사람들은 북서쪽의 툴라에 기반을 두었던 톨테카(Tolteca) 족의 직손이라고 주장하고 있었다.

톨테카는 '건축자'라는 의미로 농업과 집을 짓는 법을 알고 있었다. 더욱이 톨테카 사람들은 테오티우아칸의 자손이라고 주장하고 있으니 쿨루아 사람들의 족보에 의하면 고원지대의 가장 문화적으로 뛰어난 역사를 계승한 부족인 것이다. 그들은 문화적인 생활을 하고 있었으나 북쪽에서부터 삶을 찾아 내려온 거친 멕시카족들은 가만히 있지만은 않았다. 그들에게 주어진 땅에서는 농사를 지을 수 없었기 때문이다.

코아틀리찬(Coatlichan)의 왕이었던 멕시카족의 이츠카우아친 오포츠틀리(Itzcahuatzin Opochtli)는 쿨루아칸(Culuacan)의 왕이며 톨란(Tollan)의 토필친(Topiltzin)의 적손인 아치토메틀(Achitometl)의 딸인 아토토츠틀리(Atotoztli)와 결혼하여 아카마피츠틀리(Acmapichtli)를 낳고 그는 왕의 다른 딸인 일란쿠에이틀(Ilancueitl)과 결혼하였다. 이 족보에 의하면 그는 이모와 결혼한 것이다.

또 다른 고문서에서는 아토토츠틀리와 일란쿠에이틀은 같은 사람인데 어머니와 결혼을 하는 것은 근친상간이 되므로 두 사람인 양 하였다고도 한다. 그는 테노치티틀란의 최초의 왕, 틀라토아니(Tlatoani, 말하는 자)였다. 고문서에 의하면 아카마피츠틀리는 짐승가죽 옷에 화살을 들고 있고, 일란쿠에이틀이 살던 곳은 치남파의 관개가 되어있는 곳으로 보인다. 즉, 유목민-야만족과 정착민-문화족의 결합을 의미한다. 그의 아내 일란쿠에이틀의 쿨루아의 피는 테노치티틀란의 왕가의 피를 신성하게 만든 것이다. 왕을 귀하게 만든 기초를 세운 요건은 여자 혈통인데, 피의 연결은 전혀 정상적인 것이 아니다. 이 또한 피를 신성하게 하는 요건이 되는데, 테노치티틀란을 세우기 전의 이주상황을 살펴보면 분명해진다.

코아틀리쿠에가 깃털에 의해 우이칠로포츠틀리를 갖게 되는 것도 비정상적인 상황을 암시하고 있으며, 코욜사유키는 이를 이유로 어머니와 이복동생을 해치려고 하였다. 왕가의 피를 신성하게 하는 여인들이 어머니-이모로 나타나는 근친상간적 관계는 '순환하는 자연'에 대한 메소아메리카의 시간 개념으로 왕권의 계승에서도 나타난다.

쿨루아와 멕시카의 혼혈인 그들의 아들은 우이칠리우이틀(Huitzilihuitl)이다. 어떤 경과를 거쳐서인지는 알려져 있지 않지만 상황은 바뀌었다. 쿨루아족에 대항하여 일어난 가장 큰 싸움을 일으킨 멕시카의 지도자는 우이칠리우이틀이다. 그는 쿨루아칸(Culhuacan)의 왕 콕스콕스틀리(Coxcoxtli)에게 패하여 딸 치말소치틀(Chimalxochitl)과 함께 벌거벗겨진 채로 끌려왔다. 그는 딸에게 최소한의 옷을 입혀달라고 부탁했으나 콕스콕스틀리는 이를 거절하고 그대로 두 사람을 희생시켰다. 이어서 다른 두 딸 톡스판소치틀(Toxpanxochitl)과 아츠카틀소치틀(Azcatlxochitl)도 차풀테펙에서 처형당하였다.

어떤 고문서에서는 딸이 아니고 조카들이라고도 한다. 어쨌든 콕스콕스톨리는 멕시카 지도자의 가족을 몰살하였다. 여기서 관심을 끄는 것은 쿨루아칸의 왕이 멕시카의 왕과 아들이 있었음에도 불구하고 딸들을 제물로 희생시켰다는 점이다.[6] 여기서도 고귀한 피는 여자로 인하여 계속된다는 것을 확인시켜준다. 이리하여 쿨루아칸의 공주로 인하여 야만족인 멕시카와 고원의 문화족이 결합하여 귀족적인 왕가를 이루려는 첫 시도는 실패하였지만, 코욜사유키와 쿨루아칸의 피의 딸로 제국의 기초를 다진 테노치티틀란은 형제 상속으로 왕가를 이어간다.

이는 '순환하는 자연'에 대한 메소아메리카의 시간 개념의 다른 것으로 풀이된다. 우이칠리우이틀의 치말포포카(Chimal-popoca)는 세 번째 틀라토아니, 또 다른 형제인 이쓰코아틀(Izcoatl)은 네 번째, 다시 돌아서 우이츨리우이틀의 아들인 목테수마(Moctezuma) 1세, 그는 태양의 돌을 제작하고 주위 11개의 부족을 복속시키는 등 제국을 크게 키웠다. 아들 아샤야카틀(Axayacatl)이 여섯 번째이고, 그의 딸 아토토츠틀리(Atotoztli)는 텍스코코의 왕 테소소목(Tezozomoc)과 결혼하여, 티속(Tizoc)을 낳았다. 이 티속이 일곱 번째의 틀라토아니이다. 그의 형제 아우이소틀(Ahiizotl)이 여덟 번째, 다시 아샤야카틀의 아들이 틀라토아니가 되니 이가 아스테카의 불운한 틀라토아니 목테수마 2세이다. 아위소틀의 손자, 목테수마의 조카가 마지막 틀라토아니 쿠아우테목(Cuahtemoc)이다. 이렇게 아스테카의 왕위계승이 형제로 조카로 돌아가게 되면서 바로 직접적으로 아들에게 계승되는 경우는 거의 없었다.

1372년에서 1391년 사이에 톨테카의 후계자 아카마피츠틀리(Acamapitztli)가 이끄는 멕시카족은 테소소목(Tezozomoc)이 이끄는 테파네카족의 아츠카포찰코(Atzcapotzalco)의 부속국가 수준이었다. 테소소목은 익스틀리소치틀(Ixtlixochitl)이 이끄는 텍스코코의 발전을 그냥 보아 넘기지 않았다. 멕시카족은 테소소목을 도와 텍스코코를 쳤다. 전쟁에 이긴 테소소목은 텍스코코의 관리를 아카마피츠틀리에게 맡겼다. 이리하여 테노치티틀란은 발전의 기틀을 마련하였다.

그 후 테소소목을 이은 막스틀라(Maxtla)가 실정을 거듭하는 동안 네싸우알코요틀(Nezahualcoyotl)이라는 훌륭한 왕을 모신 텍스코코와 이웃 타쿠바(Tacuba)와 힘을 합하여 이쓰코아틀이 이끄는 테노치티틀란은 오히려 아츠카포찰코를 쳐서 고원지대 패권의 얼굴을 달리하였다.

1428년 마침내 오토미족의 전통을 이은 아츠카포찰코는 연합군의 공격에 무릎을 꿇었다. 이제 테오티우아칸-톨테카의 정통성은 텍스코코, 타쿠바와 함께 동맹을 맺은 테노치티틀란에 의해 이어졌다. 테노치티틀란은 삼자동맹의 맹주였고, 고원의 최고 실력자가 되었다. 멕시코 고원에 들어선지 불과

삼자동맹의 고문서
텍스코코-테노치티틀란-타쿠바의 상징(Codice Osuna, Arqueologia Mexicana
No. 15 에서 다시 찍음).

100년이 조금 지났을 뿐이었다.

이쓰코아틀의 뒤를 이은 목테수마 1세는 테노치티틀란을 명실상부한 고원의 강자로 키웠다. 멕시카족은 치남파의 방법으로 토지집약적인 농업을 발전시켰고, 장거리무역을 활발히 했다. 장거리무역은 지방의 특산물을 멕시코 고원에 들여오는 공물의 형식이었다. 따라서 공물을 들여올 복속국가들이 많이 필요했다. 목테수마 1세는 텍스코코의 네싸우알코요틀과 함께 경제적인 정복전쟁을 수행하였다. 이들 삼자동맹은 연락망과 수로망을 지배하며 소치밀코(Xochimilco), 코요아칸(Coyoacan), 믹스코악(Mixcoac), 쿠이틀라우악(Cuitlahuac) 등 작은 부족들을 차례차례로 점령하여 영토를 확장하고 조공을 받았다.

세력이 좀더 커지자 그들은 멕시코 분지 밖에서도 전쟁을 일으켰다. 모든 지역을 활과 던지는 창7)으로 뚫고 들어가서 점령했다. 과테말라 쪽으로 가는 통로에 있는 코익스틀라카(Coixtlahuaca), 동족의 멕시코만 유역의 우아스테카(Huasteca)와

토토나카(Totonaca), 남쪽의 테페약(Tepeyac)을 차례로 점령하였다. 1465년 목테수마 1세는 찰코를 점령하며 20년 전쟁을 끝냈다.

이후에도 파상적으로 세를 확장한 아스테카는 1520년경에는 틀락스칼라(Tlaxcala), 촐룰라(Cholula)와 우에우에칭고(Huehue-tzingo)를 제외한 고원지대 전역을 장악하였고, 제국의 영향력은 태평양 해안에서부터, 고원지대 멕시코 만 일대에 직접적으로 그리고 멀리 유카탄 반도까지 미쳤다. 그러나 아스테카 연합군8)은 메소아메리카의 전통9)을 이어 정복지에 수비대를 정주시키지 않았다. 그들에게 아스테카의 새로운 지도자를 세우지도 않았고, 그들의 지도자 우이칠로포츠틀리에 대한 종교를 강요하지도 않았다. 그들은 다만 공물을 거두어 멕시코 고원에 보낼 공물징수원들만을 남겼을 뿐이었다.

아스테카의 수많은 고문서들이 공물기록이었던 것을 보면, 이 제국에서 가장 중요시한 것이 경제였음을 짐작할 수 있다. 따라서 아스테카의 주요 전쟁은 사실 나라의 경제적 풍요를 유지하기 위한 것이었다. 아스테카를 제국이라고는 하나, 사실은 테노치티틀란-텍스코코-타쿠바의 삼자동맹으로 이루어진 것이고 목테수마 1세가 틀라토아니가 되는 1440년이 되어서야 테노치티틀란이 전면으로 나서게 된다. 그리고 이는 전리품의 재분배, 정치적 이해관계에 의한 정략결혼과 경제관계로 얽혀 있었다.

이렇게 중앙집권화되지도, 독재권력을 구축하지도 않은 아스테카의 삼자동맹이 효과적으로 유지될 수 있었던 것은 바로 꽃 전쟁 때문이었다. 꽃 전쟁의 배경에는 다음과 같은 이야기가 있다.

위대한 어머니 시우코아틀(Cihuacoatl)은 희생을 하기 위해 그녀의 첫 아이를 희생의 돌 위에 낳았다. 온통 흰 옷을 입고 등에는 어린아이 모양으로 둘둘 말려진 무시무시한 종이를 들고 다니는 것이 잘 알려진 그녀의 모습이다. 그녀는 인신공양이 적거나 전쟁에서 죽은 자들이 적어 사제들이 신들을 굶도록 내버려 두었을 때에는 마른 피로 얼룩진 종이를 어린아이 모양으로 둘둘 말아 싸서 평범한 여인으로 하여금 시장으로 가져가게 한다.

하루가 끝날 무렵 시장을 보러나온 여인들은 어린이가 버려 있는 줄 알고 그것을 열어보면 그 속에는 잔인한 배고픔을 보여주는 텍파틀(tecpatl)이 있다. 소식을 들은 남자들이 그들의 거처에서 나와 신들을 달래기 위하여 즉각적으로 움직였다. 사제들은 시우아코아틀의 자손들을 소집하여 훈련 방에 배치하였다. 만약 이 순간에 희생을 드리기에 충분한 양의 포로나 노예가 없다면 그들은 즉각적으로 '꽃 전쟁'을 하기 위해 바빠진다.

소치야요틀(Xochiyayotl, 꽃 전쟁의 나우아족 말)은 톨테카까지 기원이 올라가는 종교적 제례의식을 위한 '희생자'를 찾는 전쟁이다. 아스테카제국의 이념인 제5태양의 전설에 의하면 인신공양은 하루하루를 살아가는데 절대적으로 필요한 것이었다. 그들은 하루도 태양 없이는 살 수 없었으므로, 인신공양을 위해 노예를 사기도 했고 노예가 부족할 때는 '전쟁'을 일으켜서 포로를 잡았다. 태양신 토나티우에게 바칠 희생자를 찾는 꽃 전쟁은 공물을 얻기 위한 전쟁의 군사훈련인 동시에 포로는 전원이 희생을 당함으로써 이 희생의식에 반드시 참여해야 했던 주위의 여러 부족국가들의 지도자들에게 사실상 위협을 가하는 것이었다.

신들에게 희생을 바치기 위해서였다는 것이 전쟁을 비호하는 이유였다. 꽃 전쟁은 종교와 밀접하게 관계되어 아스테카제국을 유지하는 중요한 통치원리가 되었다. 이것은 상당히 효과적이었는데 고대사회에서는 사회의 움직임이 바로 종교행위였기 때문이다. 한편으로는 장거리 무역을 빙자한 공물경제, 다른 한편으로는 종교의식을 빙자한 외교적 공포정치가 아스테카를 지탱하는 두 원리였다.

그러나 아스테카에 복속된 많은 나라들은 공물 때문에 고통을 받았다. 공물의 양뿐만이 아니라 운송수단이 없었던 이들 메소아메리카 사람은 오로지 그들의 어깨와 다리로 그 많은 공물을 날라야 했던 것이다. 아스테카의 풍요 뒤에는 많은 부족국가들의 불만이 있었다. 그들은 아스테카제국을 증오했다. 에스파냐의 침입자들이 왔을 때 그들은 아스테카제국을 멸망시키는데 기꺼이 협조하였다. 아스테카제국이 멸망한 뒤에는 그들도 같은 운명이 되리라는 것은 몰랐던 것이다.

흑요석 칼에 의한 죽음

아스테카족은 기원이 뚜렷하지 않은, 멕시코 고원의 이방인이었다. 주위의 부족들의 반발을 누르고, 군사적 정복과 지배를 정당화할 수 있는 무엇이 필요했다. 그들은 테오티우아칸의 전설을 빌어 스스로의 기원을 만들고 그들의 세계관을 채택하여 제5의 태양의 도시, 테노치티틀란을 건설하였다. 즉, 테노치티틀란을 움직이는 것은 태양신 토나티우였다. 토나티우는 스스로를 희생하여 해와 달이 있게 하였다. 이제 그 천체가 움직이기 위하여 인간들의 피를 바치는 것은 어쩌면 당연했다. 희생의 돌 위에 희생자를 눕히고 네 명의 사제가 팔과 다리를 각각 잡는다. 다섯 번째의 사제는 흑요석의 칼로 가슴을 자르고 손으로 심장을 꺼낸다. 희생자는 스스로가 먹일 신의 모습으로 몸에 색칠을 하고, 사제들은 신의 옷차림을 하고 의식을 집행한다. 아스테카 전역에서 매일 거의 40명의 사람을 희생하였다. 아스테카의 사제들은 공인된 살인자들이었다.

아스테카 도시의 중심은 의례를 행하는 피라미드와 그 부속 건물들로 이루어져 있다. 피라미드 이외에 가장 중요한 건물은 구기장이었다. 전쟁에 패해서 포로가 된 전사들과 이긴 왕 또는 귀족들 사이에 공놀이가 있었던 곳이다. 틀라츠틀리(Tlachtl)

옛 구기장에서 경기를 하고있는 사람들
(Arqueologia Mexicana No. 9 에서 다시 찍음).

또는 울라마(Ulama)라고 하는 공놀이는 최초의 문명, 올메카에서 시작되었고 북쪽지방에서는 지금도 하고 있다.

2명 내지 6명의 선수가 손은 사용하지 않고 공을 친다. 구기장은 일반적으로 양끝이 열려있고 안쪽으로 기울어진 양 벽면이 있다. 기울어진 벽면이기도 하고 계단인 경우도 있는데 이 벽면을 향하여 직경이 20-46cm, 무게는 약 1.5-3.6kg이나 되는 공을 엉덩이나 다리 또는 발로 차는 것이다. 공의 움직임은 매우 빠르고 위험하다. 놀이 방식은 오늘날의 축구와 비슷해 보이나 골대는 농구골대처럼 높이 매달려 있고 구멍은 사격의 목표처럼 작아 보인다. 만약에 높이 매달려 있는 골대에 공을 넣는 선수가 있다면 경기는 무조건 그가 있는 편이 이기는 것이다. 진편은 머리가 잘리거나 심장이 꺼내졌다.

처음의 구기장은 기원전 약 1400~1250년 사이에 세워졌다고 추정된다. 그 이후 기원후 1400년까지 약 2,500년 이상을 메소아메리카의 여러 지방에서 발전시켜 왔다. 지금까지 약 1,500개의 구기장이 발견 되었는데, 크기도 다양하고 모양도 약간씩 다르다. 가장 작은 것은 티칼에서 발견된 구기장으로 가로와 세로가 1.7m×16m이고 가장 큰 것은 치첸이쯔아의 30m×96.5m이다. 모양도 시대와 지방에 따라 다르나 공통적으로 뛸 수 있는 길쭉한 공간과 양쪽에 경사진 벽이 있다.

공놀이의 기원과 의미는 마야의 전설을 전하는 책인 『포볼 부』와 여러 유적지의 구기장에 새겨진 돋을새김에서 찾을 수 있다.

스피야콕과 스무카네 사이에서 운 우나푸(Hun Hunapu) 와 부쿱 우나푸(Vucub Hunapu)라는 쌍둥이 아들이 태어났다. 그들은 공놀이를 즐겼다. 지상의 구기장은 지하의 세계, 시발바로 통하는 통로였다. 시발바의 죽음의 신들인 운 카메(Hun Came)와 부쿱 카메(Vucub Came)는 지상에서 천둥처럼 크게 들려오는 공 구르는 소리에 화가 나서 지하의 모든 신들을 불러 모아 논의한 뒤, 네 마리의 올빼미를 보내어 형제에게 공놀이를 제의했다. 형제는 올빼미들을 따라 지하 세계로 내려갔다.

그들은 매우 가파른 계단을 내려가 시발바로 향했다. 그들은 '고통의 벼랑'과 '목 벼랑' 사이를 흐르는 가시가 돋아 있는 히까라(Jicara) 사이의 강을 건너고……, 마침내 시발바에 도착했다. 입구에서 쌍둥이들은 지하 세계의 신들에게 인사를 건넸지만, 사실 그들은 죽음의 신처럼 꾸며 놓은 나무 인형이었다. 이를 보고 시발바의 신들은 박장대소를 하며 자신들의 승리를 확신했다.……마지막으로 시발바의 신들은 그들에게 담배와 횃불을 주었다. 밤새 암흑의 집에 머무르는 동안 담배와 횃불에 손을 대어서도 안 되며 그렇다고 꺼뜨려서도 안 된다는 것이었다. 새벽에 시발바의 신들은 담배와 횃불이 모두 타버린 것을 알았다.

시발바의 신들의 힘에 눌린 쌍둥이 형제는 죽임을 당한 채 지하 세계의 구기장에 묻혔다. 운 우나푸의 머리는 승리의 상징으로 열매를 맺지 못하는 나무에 매달렸다. 그러나 나무에는 곧 조롱박이 열렸고, 운 우나푸의 머리는 그 중의 하나가 되었다. 지하 세계 신의 딸인 스퀵(Xqui)이 이 신기한 조롱박의 이야기를 듣고 보러가자 열매 중의 하나인 우나푸의 머리는 그녀의 손에 침을 뱉어 그녀를 임신하게 하였다.

지상으로 나와서 쌍둥이들의 어머니 집에 도착한 스퀵은 역시 쌍둥이를 낳아 우나푸와 스발란케(Xbalanqu)라 이름 지었다. 어느 날 그들은 생쥐의 도움으로 아버지와 삼촌이 남겨놓은 공을 발견하고 공놀이를 시작했다. 다시 머리 위에서 끊임없이 들려오는 공 굴리는 소리에 화가 난 시발바의 신들은 올빼미를 보내어 쌍둥이를 불러 오도록 했다

위험한 모든 장애물들을 다 통과하여, 신들이 있는 곳에 도착한 형제는 죽음의 신들의 이름을 하나씩 부르며 인사했다. 깜짝 놀란 신들은 암흑의 집에 머무는 그들에게 담배와 횃불을 보냈다. 쌍둥이들은 붉은 마코 앵무새의 깃털을 이용해 횃불이 여전히 타고 있는 것처럼 보이게 했다. 새벽이

되었어도 다 타지 않은 나무와 담배는 새 것처럼 보였다. 그리고 운 카메와 부쿰 카메는 우나푸와 스발란케와 공놀이를 하였다. 그들은 팽팽히 맞서서 서로 지지 않았다. 그리하여 새벽에 다시 공놀이를 하기로 하였다.

밤사이에 쌍둥이들은 사나운 박쥐들이 가득한 집으로 보내졌다. 박쥐를 피해 밤새도록 동굴 안에 숨어있던 우나푸가 새벽이 되었는지 확인하기 위해 밖으로 고개를 내민 순간 박쥐가 그의 머리를 낚아채었다. 우나푸의 머리는 경기장에 떨어졌고 죽음의 신들은 환호성을 질렀다. 그러나 새벽이 되기 직전에 스발란케는 코아티에게 호박을 가져오게 하여 우나푸의 잘려진 목 위에 올려 놓자 호박은 우나푸의 얼굴로 바뀌었다.

새벽이 되자 쌍둥이는 아무 일도 없었던 것처럼 함께 경기장에 나타났다. 죽음의 신들은 박쥐에 의해 잘려진 우나푸의 머리로 공놀이를 시작하였다. 스발란케는 우나푸의 머리를 아주 세게 차서 숲 속으로 보내었다. 이때를 맞추어 기다리고 있던 토끼가 공처럼 굴러갔다. 죽음의 신들이 토끼를 쫓는 동안 스발란케는 진짜 머리를 갖고 와서 우나푸의 목에 얹고 호박을 경기장 안으로 던져 넣었다. 경기를 하는 동안 호박은 닳아 없어졌고 당황한 죽음의 신들은 지고 말았다.

그러자 시발바의 신들은 구덩이를 파고 불이 타오르게 한 다음 쌍둥이에게 그것을 뛰어 넘도록 했다. 시발바의 신들이 자신들이 죽을 때까지 단념하지 않을 것을 안 우나푸와 스발란케는 불에 뛰어들어 죽었고 시발바의 신들은 그들의 까맣게 탄 뼈를 갈아 강에 뿌렸다. 뼈 가루는 물에 떠내려가지 않고, 강 바닥에 가라 앉았다. 닷새 후 쌍둥이들은 물고기 인간이 되어 다시 나타났다.

다음 날 그들은 떠돌이 광대로 가장하여 다시 시발바를 찾았다. 한참 춤을 춘 뒤 쌍둥이들은 개를 죽인 다음에 살려 보였다. 그러자 죽음의 신들은 사람도 죽인 다음에 다시 살려 보라고 했다. 스발란케는 우나푸의 머리를 자르고 심장을 꺼낸 후 다시 그를 살려 내었다. 운 카메와 부쿱 카메는 이 놀라운 재주에 놀라 자신들도 죽였다가 다시 살려 보라고 했다. 쌍둥이들은 먼저 운 카메를 죽이고 이어 부쿱 카메도 죽인 후 다시 살려 내지 않았다. 우나푸와 스발란케는 경기장에 묻힌 아버지와 삼촌을 다시 살려내고 하늘로 올라가 해와 샛별이 되었다.

베라크루스 지방의 엘 타힌 유적 구기장의 돋을새김에 두 사람의 선수가 보인다. 한 사람은 손에 칼을 들고 있고 다른 한 사람은 자른 목을 들고 있다. 그 모든 광경을 뼈만으로 이루어진 신이 주의 깊게 내려다보고 그의 마지막 숨인 가느다란 선을 거두고 있다. 왼쪽에는 물을 상징하는 배경의 한 항아리에서 죽음의 신이 떠오르고 있다.

전체적으로 이 부조는 죽음과, 머리를 자르는 의식과 공놀이의 관계를 보여준다. 다른 그림에는 복잡한 머리 장식을 한,

두 사람이 가운데를 향하여 마주보고 있다. 두 사람의 앞에 있는 것은 두 마리의 뱀의 머리인데, 각각 뱀의 입으로부터 길게 나온 혀가 끝부분에서 서로 얽혀 욜린(움직임)이라는 글자를 이룬다. 둘의 마주섬은 움직임으로 끝이 나는 것이다.

뱀은 생명을 상징한다. 즉, 공놀이의 마주치는 힘이 움직임을 만들고, 그것은 생명이 나타나고 시간이 흐르는 데 절대 필요하다는 것을 의미한다. 대치되는 두 힘의 조화, 인간이 찾는 균형은 그 내부에 있는 인간 자신의 삶과 죽음의 이중성에서 비롯된다. 이 이중성이 균형을 이루며 맞물려 갈 때 물리적으로 움직임이 생기는 것이다. 마찬가지로 천체의 움직임도 빛과 어두움, 밤과 낮이 맞물려 돌아가는 것이다.

지금까지 알려진 가장 크고 장엄한 것은 치첸이쯔아의 구기장이다. 경기장은 네 개의 큰 건물로 이루어지고 동쪽과 서쪽의 긴 건물은 구장의 벽을 형성하였다. 이 양쪽의 벽면에는 양 쪽으로 세 번씩, 6번 반복되어 조각된 돋을새김이 있다. 중앙에 해골이 있는 공이 있고 양쪽으로 케찰새의 깃털을 길게 늘어뜨린 전사의 복장을 화려하게 하고 있는 양쪽의 지도자는 각각 6명의 다른 전사를 거느리고 있다.

엄숙하게 성장(盛裝)한 전사가 잘려진 머리를 들고 있고, 머리를 잘리운 자가 역시 성장을 하고 맞은편에 있는 것을 볼 수 있다. 그의 잘려진 목에서는 여섯 마리의 뱀과 한 송이 수련이 솟아 나오고 있다. 수련은 물에서 피는 꽃이다. 지하 세계는 물로 되어 있고 수련은 그곳에서 핀다. 베라크루스에서 본 것 같이 이곳에서도 뱀은 생명을 상징하는 것이다. 그리하여 이 것을 조각한 사람들은 잘린 목에서 분수같이 뿜어져 나오는 피를 이렇게 묘사한 것이다. 이 돋을새김에서는 정복자도 희생자도 기꺼이 이 제전에 참여하였다는 것을 볼 수 있다. 그들은 죽는 것이 다시 살 수 있는 유일한 방법이라는 것을 알고 있었기 때문이었다.

꽃 전쟁을 하게 되는 이유와 목적은 천체의 운행을 올바르게 하기 위하여 바칠 제물, 즉 포로를 잡기 위해서였다. 포로는 정복자의 대표와 공으로 싸워야 했다. 보호대와 장식으로 성장한 전사들은 사람 머리통만한 고무공으로 싸웠다. 고무공은 매우 무겁고 단단했다. 그들이 차는 공은 단순한 공이 아니라 그들의 목숨이었다. 그들에게 공놀이는 오늘 져도 내일 이길 수 있는 축구나 농구 경기가 아니었다. 그들의 공놀이는 일생에 단 한 번만 할 수 있는 것이었다. 오늘 지는 자는 머리가 잘리거나 심장이 꺼내져서 해의 운행을 위해 바쳐져야 했으니까. 어쩌면 이기고 지는 것 자체가 의미가 없는 것인지도 모른다. 어차피 승리자와 포로의 싸움이다. 누가 죽어야 하는 것은 명백한 것이다. 『포볼부』에서 시사한 바와 같이 우나푸와 스발란케가 이겼어도 그들이 죽어야만 끝나는 것이었다.

공놀이는 죽음을 장엄하게 만드는 의식이다. 가슴에서 심장을 꺼내거나 목을 자르는 모습은 의식의 극대화이다. 이는 고대 세계 최대의 스펙터클 쇼였을 것이다. 오늘날 성당의 지붕을 한없이 높이 하여서 숭고하고 장엄하게 보이게 하는 효과와 조금도 다름이 없었을 것이다.

흑요석 칼 아래서의 희생은 모든 메소아메리카문명의 공통적 요소의 하나였다. 그러나 그 의미는 시대에 따라 매우 달랐다. 종교적 관점에서는 공놀이를 하고 지는 편이 희생된다는 것이 가장 보편적이다. 희생의 의미는 신들을 닮고자, 신들이 한 일을 되풀이하는 것에서 출발한다. 이는 천체의 운행과 관계가 있다. 잘려진 머리는 공을 나타냄과 동시에 떴다가 지는 별을 상징한다.

왕은 영웅 쌍둥이와 같이 매일 어둠을 이기고 새로운 해가 뜨도록 할 의무가 있었다. 경기자는 희생을 하지만, 그것을 통하여 별들은 우주와 운행을 유지한다. 또한 우주의 운행을 통하여 희생자는 다시 태어난다. 이와 같이 제례적인 요소가 더해지면 공놀이는 풍요를 상징하게 된다. 또한 구기장은 왕이 지하 세계의 힘과 맞서서 건조한 시기를 끝내고 식물들이 다시 살 것을 확신시키는 곳이다.

왕은 제의식을 통하여 종교적, 정치적 의무를 수행하였다. 머리를 자르는 것도 잘려진 머리에서 새 생명이 나오는, 풍요의 의미이다. 공놀이는 또한 사회적인 역할도 있었다. 전쟁에서 진 자는 경기에서 명예롭게 죽을 수 있었다. 공놀이는, 『포폴부』의 전설에서 영웅 쌍둥이의 죽음을 물리치기 위해서 했던 것처럼, 싸움에서 진 자와 이긴 자에게 경기를 통하여 영예롭게 죽을 수 있는 기회를 준다. 이렇게 제의식으로서의 공놀이의 상징은 풍요, 전사들의 기념식, 천체의 운행 등 다양했다.

그러나 시간이 흐르면서 신의 의미는 왕권의 의미로 약화된다. 공놀이가 보편화되어있던 마야 지역에서는 희생자의 의미를 높여 희생의 의미를 죽음과 부활의 관념적인 모습으로 유지하였던 것에 비하여 멕시코 고원 지역의 희생은 제5태양의 전설에서 보는 바와 같이 정치적 의미가 강하였다. 희생의 대상도 노예와 전쟁 포로가 대부분이며 남자뿐 아니라 여자와 어린이도 있었으며, 마야와는 달리 귀족이 거의 없었고 희생자에 대한 기록이 거의 없는 점이 이를 뒷받침한다.

초기의 관념이 퇴색되자, 살인 그 자체가 강조되었다. 공놀이와 흑요석의 칼 아래서의 의례도 없이 신전 위에서 밀어 떨어뜨리기, 껍질 벗기기, 희생자의 고기 먹기 등 아스테카에서는 국가적인 기관 뿐 아니라 마을에서도 살인이 공공연하게 자행되었다. 신성했던 공놀이는 이제 나라를 유지하기 위한 살인의 제전으로 전락하였다.

틀랄록 대 산티아고 : 아스테카제국의 멸망

운명적인 전투

티아고(Tiago)는 갈리리 호수의 제베데(Zebedee)의 아들인 어부형제, 티아고[10]와 후안 중의 형이었다. 세계의 다른 나라들과 마찬가지로 팔레스타인에서도 말은 예수가 태어나기 전부터 인간들에 의해 키워지고 이용되어왔다. 그러나 정착민이되고부터 말은 어떤 곳에서도 대량으로 키워지지 않았다. 그러나 중세에 들어서면서 봉건제도의 제후들은 말을 타고 그위에서 전투를 하는 것이 땅에 서서 싸우는 것보다 훨씬 유리하다는 것을 알게 되었다. 말과 그 위에서 싸우는 기사는 중세의 명예의 상징이 되었다. 따라서 예수의 사도가 되었고, 나중에 에스파냐에 의한 라틴 아메리카 복음화의 상징이 된, 어부였던 티아고는 마침내 그의 기독교인들의 수호자인 산(성스러운)티아고가 되고 말을 잘 다루게 표현되었던 것이다.

포톤찬(Potonchan) 근처의 타바스코의 충적지인 신틀라(Cintla)로에서 태어난 말들은 처음으로 메소아메리카의 땅을 달렸다. 말들의 위에는 타바스코 사람들을 절멸시키고자하는 에르난 코르테스의 정예 15명이 자부심을 갖고 몸을 꼿꼿이 세우고 있었다. 남은 말은, 가장 힘차고 늠름한 풍모의 암말이었는데, 기수가 없이 홀로 달리고 있었다. 코르테스의 병사들은, 진심으로 하늘에서 그들을 도울 성자가 말 위로 내려오기를 바라고 있었던 것이다.

디에고 데 오르다즈(Diego de Ordaz)의 보병부대의 입성을 무너뜨리고자 화살, 돌, 막대와 흙을 가지고 휘파람을 불면서 원주민들이 신틀라의 들판을 가득 메우며 다가왔을 때 산티아고는 암말에 올라 있었다. 에스파냐 군대 중의 한 명은 이미 귀를 뚫고 온 창을 맞아 죽었고, 이어서 두 명이 벌린 입속으로 날아온 화살에 맞아 쓰러졌다. 순식간에 70여 명이 부상을 당했다. 역시 흉포하게 메소아메리카에 그 모습을 처음 드러낸 대포도 투창과 돌맹이의 허리케인 앞에서 힘을 못 쓰고 있었다. 군인들은 근처의 늪의 진탕에 빠지고, 대포가 없는 기수들은 촌탈 부대의 배후를 습격하는 임무를 완수할 수 없었다.

치열한 싸움이 계속되는 중에 원주민들은 그들의 등 뒤에 나타나서 기수가 없었던 암말에 올라탄 이가 사도 산티아고였다는 것을 알았다. 그리고 그가 나타난 의미의 중요성을 깨닫기까지 몇 년이 걸렸다. 반대로 에스파냐의 기수들과 보병들은 우뚝선 자가 누구인지, 왜 나타났는지 금방 알아보았다. 금빛 후광에 배여든 성스러운 입김에 힘입어 첫 열의 군인들은 늪지를 극복하고 달렸고, 칼에 나타난 말로 표현할 수 없는 후광덕분에 두 번째 열은 폭풍을 견디고 그들의 성인을 향해 넘어지면서 달렸다. 기적은 성인이 나타난 것이 아니고 그것을 본 사람들의 변화였다.

사도가 나타난 것은 이들 유럽인들에게 상당히 충격적이었다. 겨우 3일 전 포톤찬 강의 하구에서 촌탈(Chontal)을 상대로 싸울 때만 해도 이들은 성스러운 것을 믿지 않았다. 산티아고는 순식간에 적을 완전히 섬멸하였다. 1519년 3월 15일 동이 터올 무렵, 전쟁은 그들의 우상을 버리기로 작정한 촌탈부족 장들의 행진으로 바뀌었다.

전쟁 후 이 땅에 머물기로 한 기수들에게는 몇 명의 노예가 주어졌다. 그 중의 한명이 헤로니모 데 아길라르를 보강하여 나우아에서 마야어를 통역할 여자였다. 후에 그녀는 말린체라 불렸다. 원주민의 다양한 신의 모습은 라틴의 십자가로 대체되었다. 금과 원주민의 음식은 선진 도구와 바다를 건너온 동전과 맞바뀌어졌다. 그리고 에스파냐 군인들은 패배자로부터 고원지대의 풍요에 대해 들었다. 곧이어 항해를 다시 시작할 것이었다. 베라크루스는 원주민 정복의 기점이 되었다.

멕시코 고원지대에 온 에스파냐군이 처음으로 저항세력

과 마주친 곳은 틀락스칼라(Tlaxcala)였다. 한순간 그들은 에스파냐군이 아스테카의 동맹군인 것으로 생각하였으나 곧 사태를 파악하였다. 틀락스칼라는 아스테카가 주도하는 삼자동맹의 가장 큰 피해자였다. 인신공양의 희생전사 및 막대한 공물을 바치고 있었다.

틀락스칼라는 기꺼이 에스파냐군에게 협력하였다. 그들은 삼자동맹의 협력자 촐룰라(Cholula)에 도착하였다. 촐룰라는 날개-뱀, 즉 케찰코아틀의 사람인 툴라의 후예들이 살며 케찰코아틀을 섬기는 성스러운 도시였고, 장거리 무역의 전략적인 위치에 있었다. 촐룰라 사람들은 특별한 저항 없이 이들을 받아들였다. 그러나 촐룰라 사람들이 아스테카의 지시를 받아 매복하고 있다는 소식을 들은 코르테스는 촐룰라의 병사들을 성 밖에 배치할 것을 요구하였다.

에스파냐군은 밤에 성문을 닫고 성안에 있던 촐룰라 지도층의 사람들을 모조리 살해하였다. 그리고 케찰코아틀의 도시를 파괴하였다. 뒤이어 찰코(Chalco), 테파네카(Tepaneca)를 접수하였다. 틀락스칼라와 같은 문제를 갖고 있던 이들 도시는 에스파냐군의 테노치티틀란 침략에 같은 전선을 이루었다.

뒤이어 테노치티틀란에 도착한 에스파냐군사들은 같은 방법으로 고원의 지도층을 몰살시켰다. 마지막 황제 목테수마 2세는 코르테스군과 싸우기보다는 강화를 택하여 전쟁 대신에 잔치를 벌였던 것이다. 이 잔치에 모여든 삼자동맹의 지도자들과 동맹국의 귀족들은 모두 살해되었다. 호수 위의 도시의 수로에는 물 대신 피가 흘렀다. 이 대학살에서 살아남은 마지막 틀라토아니 쿠아우테목은 남아있는 병사들을 모아 에스파냐군이 머물고 있는 곳을 포위하고 공격하였다. 1520년 6월 30일이었다. 산티아고는 이 날도 활약하였다. 달빛조차 없는 어두운 날이었는데, 이 어둠을 이용하여 코르테스는 목숨을 구할 수 있었다. 살아나온 그는 에스파냐군과 삼자동맹을 반대하는 원주민들을 모아서 테노치티틀란을 석 달간 포위하였다. 아스테카 사람들을 무릎 꿇게 한 것은 무기보다는 오히려 에스파냐군이 몰고온 전염병이었다. 신세계에 없었던 천연두 앞에서 아스테카전사의 저항도 소용없었다. 1521년 8월 13일이었다.

아스테카에서 만연하던 대규모의 공인된 살인은 에스파냐의 정복자들이 오면서 끝났다. 이미 수많은 문제를 갖고 있던 테노치티틀란이 정복자들의 손에 쉽게 무너졌으나 열대 우림은 아직도 정복자들을 기다리고 있었다. 테쿰 우만(Tekum Uman)은 아스테카의 전사처럼 독수리의 깃으로 분장을 하고 알바라도(Alvarado)의 군대를 맞았다. 약 700명의 에스파냐 군사를 8,400명의 마야 전사로 맞았으나 화살과 창은 화포와 칼의 적수가 되지 못하였다. 전해오는 이야기에 의하면, 산티아고가 신틀라에 나타나 에스파냐군을 도운 것처럼 성령과 천사가 테쿰 우만의 전사를 막고 나아가지 못하게 했다고 한다.

틀랄록의 전사들은 산티아고를 외치는 새로운 세력에 의해 이제는 또 다른 죽음을 맞이하게 되었다. 정복자들은 그들의 이해에 따라 피정복자들을 죽였다. 그래도 메소아메리카 사람들은 다시 태어날 것을 믿었을 것이다. 그러나 이제 메소 아메리카에는 더 이상의 신을 상징하는 영예로운 죽음은 없었다.

패배자의 시각(Vision de los Vencidos)[11]

에스파냐 사람들이 신대륙에 그 모습을 나타내기 이전부터 아스테카사회에서는 이미 불길한 징조가 여러 번 나타났다. 첫 징조는, 에스파냐 사람들이 나타나기 10년 전으로 하늘을 타오르는 불의 가시 같은 것이 찌르는 것이었다. 두 번째의 불길한 징조는 아무도 불길을 가까이 하지 않았는데 스스로 불길을 일으켜 우이칠로포츠틀리의 신전이 타버린 것이다. 불길은 순식간에 번져서 아스테카 사람들이 미처 손을 쓸 틈도 없었다. 세 번째의 징조는 보슬비가 오는 가운데 천둥소리도 없이 번개가 나타나 시우테쿠틀리 신전을 자르는 상처를 입힌 것이다. 네 번째의 불길한 징조는 아직 태양이 떠 있는데 큰 불이 떨어졌다. 이 불은 세 갈래로 나뉘어 한쪽은 해가 지는 곳으로, 한쪽은 해가 떠오르는 곳으로, 나머지 한쪽은 화로가 뒤집어 진 것처럼 불꽃의 비를 마구 떨어뜨렸고, 그 불똥은 사방으로 튀었다. 다섯 번째 징조는 바람이 세게 불어, 마치 무섭게 화가 난 것처럼 물을 끓게 한 것이다. 여섯 번째 징조는 밤에 여인이 "나의 자손들이여, 어서 멀리 떠나라"고 울며 소리치는 일이 여러 번 있었던 것이다. 그 여인은 가끔 "나의 자손들이여, 그대들을 어디로 데리고 갈꼬?"라고도 하였다. 일곱 번째의 징조는 물에서 일하는 사람들이 회색빛 말같이 보이는 회색빛 새를 여러 번 잡은 것이다. 그들은 이것을 목테수마의 검은 집(주술의 집)으로 가져갔다. 여덟 번째의 징조는 한 몸에 머리가 둘인 기이한 형태의 괴물 같은 사람이 여러 번 나타난 것이다. 이도 역시 목테수마의 검은 집으로 가져갔지만, 곧 사라져버리곤 하였다.

베라크루스 해변에 에스파냐 사람들이 나타났다는 소식을 듣자, 목테수마가 가장 먼저 한 일은 주술사들을 불러 의논한 것이었다. 그들이 불길한 징조대로 제국이 망할 것을 말하자 그는 주술사들의 아내를 밧줄로 목을 졸라 죽이고, 아이들은 벽에 내던져 죽게 하였고, 그들의 집은 뿌리째 뽑아 버렸다.

에스파냐군인들이 촐룰라를 점령하고 계속 전진하자 목테수마는 그들에게 화를 입힐 마술사와 주술사들을 보냈지만 소용이 없었다. 마침내 코르테스가 테노치티틀란에 당도하자 목테수마는 선물을 가지고 맞이하러 나갔다. 그는 툴라의 신 케찰코아틀이 돌아왔다고 생각하였다. 아스테카족이 멕시코 고원에 들어와서 툴라의 후예인 쿨루아칸과의 혼인을 통한 정통성을 주장하며 고원을 지배하였으나 그들에게 케찰코아틀은 영원한 고원의 주인이었다. 목테수마 2세는 그 강박관념에서 벗어나지 못했다. 동맹국가인 텍스코코도 에스파냐 사람들을 정중히 맞이하였고 왕자인 익스틸릴수치틀(Ixtlilxuchitl)은 기독교로 개종하기까지 하였다. 침입자들은 금에 대한 그들의 관심을 보였고 목테수마의 보물을 차지하였다. 그리고 우이칠로 포츠틀리를 기리는 톡스카틀(Toxcatl) 잔치에 모인 아스테카와 동맹국의 모든 귀족들을 살해하였다.

이 대학살에서 살아남은 아스테카의 귀족과 전사들은 마침내 일어섰다. 쿠아우테목의 지휘 하에 그들은 에스파냐군을 그들의 도시에서 쫓아내었고 다시 쳐들어 왔을 때에도 죽을 때까지 저항하였다. 그러나 불길한 징조와 종말의식에 사로잡혔던 아스테카의 전사들이 본래의 용감한 모습을 되찾았을 때에는 이미 모든 것이 파괴되고 난 뒤였다.

새로운 시작

가톨릭의 생활화와 과달루페 신앙

멕시코 시티의 상징은 소칼로에 있는 가톨릭 대성당이다. 모든 구역마다 성당이 있고, 하나 둘이 아니고 여러 개 있는 구역도 많다. 일요일이면 이 모든 교회에서 적어도 하루에 세 차례 이상 미사가 있다. 많은 사람들이 신을 믿기는 하나 성당을 다니지는 않는다고 한다. 하지만 교회를 보면 습관적으로 입을 맞추는 시늉을 한다. 멕시코 시티를 4월에 방문하면 다른 나라에서는 절대 볼 수 없는 것을 볼 수 있다.

부활절에 예수의 수난과 부활을 재현하는 것이다. 멕시코 시티 북서쪽 외곽에 위치한 찰마(Chalma)라는 마을에서는 수

난 기간 중에 예수의 역을 할 사람을 제비로 뽑는다. 뽑힌 사람은 십자가를 지고 언덕을 올라가는 예수의 고난을 그대로 재현하여 십자가에 매달린다. 손에 못을 박지는 않으나 십자가에 매달려 있어야 하므로 죽는 사람도 자주 있어 그 마을에는 과부가 많다. 이 과부들은 절대 재혼할 수가 없다.

가톨릭은 이 예수를 낳은 어머니를 숭배하는 것이다. 그러나 그들이 믿는 것은 파란 눈의 하얀 얼굴의 성모가 아니다. 그들은 갈색 피부에 원주민 무늬와 에스파냐의 쇼올을 뒤섞은 듯한 머릿수건을 쓰고 있는 과달루페 성모이다. 부활절 등의 특별한 날에 과달루페 성당 주위를 지나가는 것은 아우성과 혼란의 군중 속을 지나가는 것을 의미한다. 물론 그곳을 빠져나왔을 때에는 어떻게 빠져나왔는지 알 수 없을 정도로 혼란스럽다. 이렇게 멕시코 사람을 사로잡고 있는 과달루페 성모는 누구일까?

멕시코 시티가 아직 호수였을 때에는 테노치티틀란과 텍스코 호수가 나뉘어져 있었다. 두 곳을 육지로 연결하는 부분이 바로 틀랄텔롤코(Tlatelolco)였다. 여기서 가장 뚜렷이 보이는 곳이 작은 언덕인 테페약(Tepeyac)이었다. 이 곳에는 대지의 여신인 토난친(Tonantzin)의 신전이 있었다. 토난친은 대지의 여신이며, 생명과 죽음의 신이었고, 아버지 신인 토타흐친(Totahtzin)도 함께 표현되는 신으로, 아스테카 종교의 통합적인 존재로 볼 수 있다. 에스파냐가 아스테카를 정복하자 이 신전은 즉각적으로 허물어졌다.

대신에 그들은 가톨릭의 신을 믿어야만 했다. 신부들에게 인신공양을 매일매일 하는 원주민들이 악마에 사로잡힌 사람들로 보이는 것은 어쩌면 당연하였다. 에스파냐의 아스테카 정복의 표면적인 또 다른 목적은 가톨릭 복음의 전파였다. 그러나 뿌리 깊은 원주민의 종교관에 새로운 신을 심는다는 것은 어려운 일이었다. 정복자들은 우선 원주민 지배 계층을 가톨릭으로 개종하도록 하였다. 그들은 개종을 하면 지방의 지배자들이 누리던 권력과 부를 인정해주는 방법을 썼다. 그러나 이미 300년 가까이 내려오는 순환철학과 희생의식을 없애기는 정말 어려운 일이었다. 그렇지만 복음화를 정복의 명분으로 세운 에스파냐로서는 어찌되었던 방법을 찾아야만 했다. 기적이 필요했다.

아직 아스테카제국이 번영을 누리고 있을 때인 1474년, 틀라야칵(Tlayacac)의 칼풀리(Capulli)[12]의 한 귀족의 집에 남자아이가 태어났다. 아이의 이름은 쿠아우틀라토아친(Cuauht-latoatzin, 말하는 독수리)이라 붙여졌다. 그

후안 디에고가 과달루페 성모로부터 장미꽃을 받고 있다 ('Hombre y Mitos' 에서 다시 찍음).

의 부모는 무역과 농업을 하여 부유하였다. 그는 20세에 결혼을 하여 자녀들을 낳고, 또한 매우 신앙심이 깊어 매일 아스테카의 신전에 있었다. 그는 12세 때에 궁전에 올라오는 등 아우이소틀 틀라토아니 치하에서 나라에 영향력이 있는 많은 사람들과 교제하였고, 목테수마 2세와는 개인적으로도 만났다. 그는 다른 사제들과 함께 아스테카제국 멸망의 징조를 보았고, 목테수마 2세에게 인신공양을 자제하도록 여러 번 권고하였다고 한다. 그는 45세 되었을 때 아스테카제국이 멸망하는 것을 보았다. 1524년, 50세가 되었을 때 그와 그의 아내는 가톨릭 신자로서 세례를 받았다. 그의 세례명은 후안 디에고였다. 5년 후 아내가 죽었다.

1531년 어느 날, 테페약(Tepeya)의 작은 언덕을 지나가는데 그의 이름을 부르는 소리가 있어 올려다보니, 새들이 지저귀고 꽃들이 피어있는 가운데 해와 같이 빛나는 옷을 입고 있는 여인이 있었다. 그녀는 "후안, 어디로 가느냐? 나는 인간을 창조하고, 하늘과 땅의 주인인, 살아있는 신의 성모이다. 이곳에 나의 예배당을 짓기 원해서 나타났다"고 하였다. 후안 디에고는 즉시 교구의 대주교에게 이 사실을 알렸으나 그는 믿지 않았다. 성모는 후안 디에고에게 세 번을 더 나타났고 그래도 대주교가 믿지 않자, 네 번째에는 디에고의 망토에 증거로 장미꽃을 가득 담아 주었다. 그때는 겨울이어서 장미가 필 수 없는 때였다. 마침내 대주교는 디에고의 말을 믿고 그곳에 성당을 세웠다. 1533년의 일이다. 이 성당이 바로 푸른빛의 면사포를 쓴 갈색의 성모 과달루페에게 예배하는 곳이다.

테페약은 원래 아스테카의 대지의 어머니 토난친(Tonanchin)을 예배하던 곳이었다. 따라서 아스테카의 후예인 쿠아우틀라토아친에게 성모가 나타난 것은 바로 토난친이 모습을 바꾼 것이라 생각되었다. 독수리는 아스테카의 시조 우이칠로포츠틀리의 상징이었다. 후안 디에고의 본명 '쿠아우틀라토아친(즉, 말하는 독수리)'는 그대로 그가 전한 말이 초대선조의 말씀이라는 의미로 생각할 수 있다. 이 성모는 갈색의 얼굴에 청색, 붉은색, 노랑색이 뒤섞여 있는 옷을 입고 있다.

과달루페 성모의 발현이 진실인가에 대해서는 의견이 분분하다. 발현 당시에는 가톨릭 성직자들은 오히려 원주민들이 토난친에 대한 숭배를 과달루페 성모로 가장하고 있다고 생각해서 예배를 못하게 하였다. 어찌되었던 성모의 발현 이후, 원주민들은 빠른 속도로 가톨릭으로 개종하였다. 그리고 독립국이 된 멕시코 정부는 과달루페 성모를 '국가의 수호자'로 인정하고 12월 12일을 발현일로 정했다. 1895년에는 로마교황도 마침내 과달루페 성모를 인정하였다. 토난친이 사방에 있음에도 불구하고 테페약의 동산으로 몰려들었던 원주민처럼, 과달루페 성모의 발현지로 몰려드는 성도들을 수용하기 위하여 1974~1976년 사이에 대성당 과달루페의 바실리카를 지었다. 이제는 멕시코의 가장 중요한 예배의 대상이다.

과달루페 신화가 사실인지 여부는 중요하지 않다. 중요한 것은 덕분에 성자의 순교도 없이 전 멕시코가 기독교로 개종

되었다는 것이다. 자세히 살펴보면 가톨릭 성모의 외형과 원주민의 옷차림과 피부 색깔, 예수의 어머니로서 인류의 어머니가 되는 갈색의 성모는 대지의 어머니인 토난친의 속성을 그대로 드러낸다.

경과야 어찌되었던 간에 과달루페 성모는 메스티소의 또 다른 모습이다. 그리고 아스테카의 후예는 가톨릭을 토착신앙으로 만들었다. 우상을 배제하는 교회답지 않게 멕시코의 성당에는 예수의 탄생, 사람크기의 예수가 피를 흘리고 있는 모습, 심지어 십자가에까지 꽃목걸이가 걸려지고 채색종이를 씌우는 등 화려하기 짝이 없다. 아스테카 사람들은 기독교의 옷을 바꾸어 입혀 그들의 종교로 만든 것이다. 다만 신이 무엇인가에 대한 개념은 달라졌다. 아스테카 시절에는 전쟁이 모든 것을 공급했다. 그러나 이제는 대지의 소산물만이 모든 것을 공급해준다. 그들이 기독교를 믿을 수 있는 이면에는 이렇게 세월이 인식을 바꾼 것도 한 몫을 했다.

죽은 자의 날

멕시코 시티의 11월은 부산한 달이다. 어느 11월 1일, 같이 아파트를 쓰는 친구들은 모두 나가고 혼자서 있는데 문을 똑 똑 두드리는 소리가 들렸다. 나는 "누구세요"하며 문을 열었다가 놀라서 뒤로 넘어갈 뻔하였다. 문 앞에는 두 명의 작은 사람들이 하얀 옷을 뒤집어쓰고 있었다. 얼굴에도 검은 가면을 써서 누구인지를 알 수 없었다. 내가 너무 놀란 얼굴로 왜 왔느냐고 물으니 그들은 사탕이 없느냐고 오히려 반문했다. 그제야 비로소 그들이 소위 '할로윈' 날에 돌아다니는 아이들이라는 것을 알았다.

저녁거리를 사기 위해 들른 가게에는 해골 모양을 한 빵과 초콜릿과 사탕과자가 가득 쌓여 있었다. 사람들은 모두 저녁을 위해 해골 모양의 빵을 사고 있었다. 돌아오는 길에 역시 어둠 속에 하얗게 보이는 작은 사람과 마주쳤다. 얼굴은 해골의 가면에 퀭한 눈을 검게 그리고 있어서 그들이 사탕을 받고자 하는 어린이인 줄 알면서도 내심 놀라고 있었다. 펄럭이는 하얀 옷자락에 죽음의 얼굴을 하고 있는 그들이 나에게는 도저히 장난스럽게 느껴지지가 않았기 때문이다. 텔레비전을 켜니 '죽은 자'의 시가행진이 보였다. 해골의 가면을 쓴 사람, 해골과 뼈가 으드득거리며 걷는 모습, 기타를 치는 해골, 말을 타고 행진하는 해골, 여느 사람들처럼 다양한 모습의 골격들이 음악 소리에 맞추어 으드득거리며 행진하고 있었다.

그리고 11월 2일, 사람들은 밤 12시(11월 2일 0시)에 맞추어 공동묘지로 갈 준비를 하고 있었다. 대부분의 도시 가운데쯤에는 공동묘지가 있다. 도시의 외곽에서 시내 쪽으로 가는 큰 길의 한 쪽에 공원 같은 것이 보이고 길 가에 많은 꽃집이 있다면 그것은 어김없이 공동묘지이다. 심지어는 아파트 바로 옆이 납골당일 때도 있다. 내가 사는 서민 아파트 옆에 상당히 멋있는 돌로 만든 건물이 있었다. 항상 많은 꽃으로 장식되어 있어서 어느 날 건물 안에 들어가서 물어보니 '납골당'이라고 해서 깜짝 놀랐다. 주위는 모두 아파트 등 주택가들이 밀집한 곳이었기 때문이다. 이리하여 사람들이 밤 12시에 공동묘지에 가는 것은 전혀 어려운 일이 아니었다. 공동묘지도 시끄럽고 부산스럽기는 마찬가지였다.

부자들은 큰 집을 짓고 그 속에 모든 가족을 모셔 놓았고 대부분의 보통사람들은 시신을 땅에 묻고 땅 위에는 조그마한 집을 두었다. 장난감처럼 작은 집마다 촛불이 켜지고 꽃들이 놓여 있다. 사람들은 그것을 준비하고 모두들 둘러앉아 떠들고 먹고 마신다. 작은 집들의 간격이 좁기 때문에 찾아 온 사람들도 붙어서 앉을 수밖에 없다. 도무지 죽은 자에 대한 경건한 태도라고는 보이지 않는다. 죽은 자가 고요히 누워 자다가도 시끄러워서 일어날 판이다. 우리가 추석 등 명절에 조상이 있는 묘소를 찾아가서 경건한 마음으로 절을 하는 것과는 사뭇 다르다. 우리가 12시에 음식을 들고 공동묘지에 간다고 하면 무엇을 떠 올릴까?

죽은 자의 날에 가게에서 팔고 있는
해골 모양의 과자들.

죽은 자의 날의 중요한 요소는 '해골'이다. 모든 사람들은 해골 모양의 빵을 준비한다. 옥수수로 된 토르티야가 주식이지만 이 날에는 모든 식탁에 이 해골 빵이 준비된다. 후식은 해골 모양의 사탕과자나 초콜릿이다. 죽은 자의 날이 되면 다양한 해골 모양의 음식이 풍성하게 준비되어 팔린다. 또한 해골을 찬양하는 대중적인 시와 노래가 많은데, 대부분이 유럽의 페스트 시절의 '죽은 자의 춤'과 관계되어 있는 식민지시대의 작품들이다. 그 속에서 사탕의 해골과 움직이는 골격은 인간 존재의 작은 중요성을 확인하고 스스로를 우롱하고 조소한다.

죽는다는 것은 신이 인간을 쳐들어 와서 인간이 스스로를 지배하는 힘을 잃고 그를 사로잡는다는 것을 말한다. 죽은 자는 중요한 일을 하도록 의무가 부여된다. 비를 주관하는 것, 식물을 싹트게 하는 것, 해가 그의 길을 갈 때 영예롭게 하는 것 등이 그 의무이다. 우주적인 일을 완수하는 것은 상이나 벌보다 훨씬 중요한 일이었다. 게으르게 쉴 수 있는 낙원은 없다. 일을 하도록 되어 있었다. 믹틀란(mictlan, 죽은 자들의 장소)은 땅속 깊은 곳에 위치해 있고, 일반적으로 죽은 사람들이 가는 곳이다. 해의 집이 있는 하늘[El Ichan Tonatiuh Ilhuicatl], 이 곳은 전투에서 죽은 자들과 첫 번째 아이를 낳다가 죽은 여인들을 위해 그리고 장거리 무역 탐사를 갔다가 죽은 자들을 위해 마련된 장소이다. 틀랄로칸(el Tlalocan, 틀랄록의 장소)은 식물의 천국으로서, 번개에 맞아 죽은 자, 물에 빠져 죽은 자, 물과 관계된 병으로 죽은 자들이 가는 곳이다. 마지막으로 치치우알쿠아나우코(Chichihualcuauhco, 젖먹이를 키울 영양을 주는 나무가 있는 곳)는 아직 젖을 먹을 나이에 죽은 어린이가 가는 곳으로 이 곳에서 제2의 삶의 기회를 기다린다. 이렇게 죽은 이유에 따라 가는 곳이 각각 다르므로 따로 제례를 한다.

10월 28일에는 폭력으로 죽은 사람, 살해된 사람, 사고로 죽은 사람들을 위한 날이다. 죽은 장소를 알면 그곳에 꽃과 촛불을 놓는다. 10월 30일에는 세례를 받지 않고 죽은 어린이들을 위해 흰 꽃을 놓고 촛불을 밝힌다. 10월 31일에는 흰 꽃, 장난감, 작은 빵, 사탕 그릇과 촛불로 구성된 '작은 것'을 바친다. 정오에 교회에서 때가 되었음을 알리는 종이 울리면 사람들은 분홍이나 파란색의 향료에 코팔(나무 수지)을 태워 연기와 향을 내며 기도를 한다. 드디어 11월 1일, '위대한 존재'를 맞이하기 위하여 촛불, 빵, 사탕, 몰레, 타말, 과일, 죽은 자의 꽃, 술과 축복받은 물을 진상한 상을 차린다. 동시에 죽은 자들을 안내하기 위하여 상으로부터 길가까지 꽃잎을 뿌린다. 이번에는 검은 색의 향료에 수지를 피우고 기도를 한다. 길에서는 죽은 자들이 행진을 하고 춤을 춘다. 이 행진은 '죽음의 춤'에서 나왔다고 한다.

16세기의 유럽에서 페스트가 유행할 때 모든 사람들이 '죽음'의 공포를 느꼈다. 죽음은 갑자기 누구에게나 닥쳤다. 이 집단적인 공포는 죽음이라는 거대한 존재에 대한 대중적인 문화의례를 가져왔다. 마지막에 대한 불안이 '골격들의 춤'이라는 대중적인 히스테리의 표현으로 나타났던 것이다. 아메리카에서는 치아파스 지방에서 11월 초에 극장에서 연극하며 골격들이 춤을 춘 것이 처음이라고 한다. 어떻게 잘 죽을 것인가에 대해 준비하는 방법이 유럽으로부터 전해졌다. 성당의 벽에는 페스트에 대한 매일의 억압된 공포를 묘사한 그림이 그려졌다. 그와 함께 악마와 지옥이 도착했다. 이를 추종하는 속세의 사람들은 신에 대한 공포를 발효시켰고 죽음에 대한 견해는 풍토에 적응했다.

멕시코의 지하철 입구에는 대개 신문 판매대가 있다. 일상적인 신문부터 흥미 위주의 일간지, 소책자의 성인 만화 등 여러 가지가 있는데 총천연색 시대를 맞이하여 요란하게 울긋불긋한 색깔이 시선을 끈다. 싸구려 인쇄로 색깔은 유난히 두드러져 보이는데, 순간적으로 강렬한 색깔에 끌려서 보면 언제나 죽은 사람이 쓰러져 있는 모습이다. 총에 맞아서 쓰러진 사람, 자동차 사고로 머리가 깨어져 있는 모습 등 이유도 다양하다. 한번은 마피아가 한 마을 약 30가구의 사람들을 몰살한 기사가 실렸는데 남자들을 벽을 향해 돌려 세워놓고 총으로 난사해서 죽인 장면이 신문 일면에 나와 있었다. 한마디로 엽기적인 장면이 사람들이 쏟아져 나오는 지하철 입구에 가장 잘 보이는 곳에 있다. 전 세계의 여느 나라처럼 단 하루도 살인 사건이 없는 날이 없는 듯이 보인다.

깨끗하고 밝고 신성한 것을 좋아하는 것이 옳은 것이라고 세뇌되어 있는 평범한 한국 사람에게는 멕시코 사람들의 이런 면이 이상하게 생각되었다. 그런 느낌은, 약간 과장하여, 20분만 걸어가면 어느 곳에서나 마주치는 성당 안에 들어가면 더

욱 분명하다. 성당 안은 금색, 또는 여러 화려한 색깔로 장식되어 있고 사람 크기의 예수의 인형이 피를 흘리고 있는 모습, 울긋불긋한 색깔의 여러 그림과 조상들로 가득차 있다. 시각적으로 보여주는 성서의 내용의 표현은, 성당의 건물이 높고 빛이 많이 들어오지 않은 탓도 있겠지만, 어딘지 어둡고 기괴한 조화라는 느낌이 들었다. 그들은 왜 피를 보는 것에 거부감이 없을까? 그들은 왜 죽음을 가까이 두고 사는 것일까?

그들에게 삶과 죽음은 결국 하나이다. 마야 사람들의 선조인 쌍둥이는 지하 세계로 불려가서 죽었으나 신비로운 방법으로 태어난 쌍둥이 아들의 힘으로 다시 인간 세계로 돌아왔다. 쌍둥이 아들은 아버지와 삼촌이 했던 일을 그대로 되풀이 함으로써 그들이 고통받았던 과정을 마침내 이기고 죽음에서 돌아오게 하였다. 여기에서 유래한 공놀이에서 나오는 죽음의 희생은 새로운 삶으로 이어진다.

모든 것은 되풀이 되며 하나 안에 다른 하나를 갖고 있다. 또 한편 선과 악도 하나이다. 세계를 파괴한 것을 후회한 케찰코아틀은 믹틀란에서 지난 세계의 사람들의 뼈를 구했다. 케찰코아틀과 다른 신들은 먼저 회개를 하고 그들의 성기에서 피를 내어 뼈들을 붙게 하였다. 여기에서 새로운 인간이 창조되었다. 신들의 행동은 거기에서 끝난 것이 아니었다. 나나우나친의 자기 희생과 해로의 변신, 그리고 테쿠시스테카틀의 희생과 달로의 변신이 있고서야 비로소 다섯 번째의 태양, 즉 다섯 번째의 세계가 열렸다. 그러나 이 다섯 번째의 태양, 토나티우는 매일의 운행을 위하여 인간의 피를 원했다. 네 개의 방위와 함께 다섯 번째의 방위, 나우이 욜린, 즉 움직임이 있어야 했기 때문이다. 이 피를 위한 희생은 매일 계속되어야만 했다.

메소아메리카 철학의 가장 기본이 되는 순환의 공간적, 시간적 개념에는 선과 악의 구별이 없다. 단지 대비되는 두 가지의 성질이 있을 뿐이다. 밝음과 어두움, 뜨거움과 더움, 하늘과 지하 세계, 삶과 죽음 등등. 이 두 가지 성질은 대립되는 동시에 우주 질서의 균형을 이루는 요소이다. 이 두 가지가 팽팽히 맞설 때 양자는 맞물려 돌아가고 우주에는 비로소 움직임이 생겨서 생명이 살아가게 된다.

이리하여 메소아메리카문명은 상당히 넉넉한 마음을 가지고 다른 문명을 포용할 수가 있다. 정복자의 문명과 원주민의 문명이 융합하여 메스티소(혼합)의 문명이 나타나게 된 것은 매우 자연스러운 결과이다. 그들이 삶과 죽음을 같은 성질의 다른 얼굴로 보아 죽음을 전혀 두려워하지 않고 친근하게 지내지만 다른 한편으로는 목숨을 상당히 가볍게 여기는 요인이 되었다. 그리하여 아스테카 사람들은 인신공양이라는 이름으로 살인을 서슴지 않았다.

한편 선과 악의 개념은 크리스트교의 전파와 함께 들어왔다. 인간은 매우 악한 존재이기 때문에 선을 행하고, 복음을 믿어 구원을 얻지 아니하면 악의 힘에 눌려 살게 된다. 이리하여 기독교인들은 선을 행할 수밖에 없는 것이다. 그러나 한편

악은 선의 정반대되는 것으로 반드시 물리쳐야 선한 생활을 유지할 수 있다. 그리하여 악의 상징인 우상들, 악마들은 당연히 싸워서 물리쳐야 할 존재였다. 선을 위하여 밝음을 위하여 악마와 그 악마에 홀린 자들을 처단하는 것은 반드시 필요한 일이었다. 그리하여 그들은 원주민 대학살과 원주민문명의 파괴라는 문화적인 살상 행위를 서슴지 않고 저지를 수 있었다. 오늘날에는 자본주의 체재와 맞물려 수많은 범죄와 살인의 끔찍한 장면도 무심히 보아 넘긴다. 이러한 일을 가능하게 만드는 정서적 배경도 위의 맥락에서 볼 수 있다 하겠다.

이들은 페스트가 유행하던 시절에 죽음이 너무 두려워서, 죽음과 친근해 보려고 죽은 자의 춤을 추며 노력을 하였다고 한다. 메소아메리카문명에서도 해골, 죽음의 신이 춤을 춘다. 죽는 자는 같이 춤을 춘다. 이 죽음에 대한 두려움이 없는 메소아메리카의 정서와 죽음에 대한 두려움 때문에 생겨난 죽은 자의 춤이 어울려 오늘날 화려하고도 활기찬 죽은 자의 날을 맞이할 수 있는 정서적 바탕이 형성된 것이 아닐까.

에필로그

    내가 살던 아파트의 전면에는 도로를 가로 지르는 공원이 있었다. 이 공원은 시내 한 가운데에 있는 차풀테펙이나 알라메다 공원과는 달리 휴지 하나 없이 깨끗하다. 아침마다 나는 상당히 넓은 이 공원을 가로 질러 또 다시 길을 건너야 차를 탈 수가 있었다. 조금 일찍 나오는 날은, 열심히 물을 주어도 열대우림이나 우리의 싱그러운 여름나무 같은 느낌은 결코 주지 않는, 약간 건조한 듯이 서 있는 나무와 잔디를 밟으며 느긋이 걸어간다. 고산기후의 멕시코 시티에도 가을은 온다.

    햇살은 약간 그 따가움의 강도가 줄어 나뭇잎 사이로 내리쬐는 햇살이 부드럽게 느껴진다. 오전 11시경, 나는 느긋하게 햇빛을 바라보며 걷다가 의자 위에 앉아 또르따 빵을 씹고 있

옥수수 밭에서의 명상(Codice Vindobonensis, Arquologia Mexicana No. 25 에서 다시 찍음).

는 60대 정도의 노인을 보았다. 그 옆에는 플라스틱 갤론 통에 반 정도의 물이 들어 있고, 나뭇잎을 쓸어 모으는 갈퀴와 자루가 긴 쓰레받기가 있었다. 청소부가 때늦은 아침을 먹고 있는 모양이다. 그는 약간 두꺼운 옷을 걸치고 햇살을 받고 있었다. 갈색의 얼굴에는 주름이 깊었고 또르따를 쥔 손은 거칠어 보였다. 그는 또르따를 베어 물고 물을 마셨다. 평화롭게 앉아있는 그의 어깨 위에 가을 햇살이 따뜻하게 보였다. 나는 문득 가슴이 뭉클해졌다.

그는 아침 해가 떠오르면 치남파에 나가서 옥수수와 실란드로를 가꾸었던 아스테카의 농부들처럼 새벽 일찍 나와서 공원을 치웠을 것이다. 그리고 이제 물과 빵과 햇빛을 즐기고 있다. 나는 그의 모습에서 옥수수밭에 앉아, 조는 듯 명상하는 농부를 그린 믹스테카[13]의 고문서를 떠 올렸다.

주

1) 1910년부터 1920년까지 있었던 멕시코혁명을 이끈 사람들은 프란시스코 마데로(Francisco Madero), 판초 빌야(Pancho Villa)와 에밀리아노 사파타(Emiliano Zapata)였다. 사파타(1879~1919)는 모렐로스지방의 아네네쿠일코에서 태어났다. 그의 가족은 전형적인 중산층 메스티소 농민이었다. 포르피리오 디아즈가 집권하면서 대농장(Hacienda)이 확대되고 많은 농민이 자신의 토지를 잃게 되었다. 여기에 1881년 모렐로스를 통과하는 철도가 부설되면서, 수많은 설탕공장이 들어서자 모렐로스의 농민들은 더 이상 토지를 가질 수 없는 상황이 되었다. 1910년 12월, 이들은 차기 대통령이 된 프란시스코 마데로와 함께 무장 혁명을 일으켰다. 혁명은 성공하고 디아즈는 망명했으나 기득권자의 횡포로 토지 반환이 제대로 이루어지지 않았다. 마데로가 1913년 2월에 암살당하자 1914년 9월 다시 무장혁명을 일으켜 1915년 1월, 다시 한번 카란사 정부를 내쫓는 데 성공하였다. 그러나 사파타는 모렐로스에서 개혁이 이루어지기를 기다리는 동안에 카란사가 보낸 암살자에 의해 1919년 4월 10일에 살해되었다.

2) 에스파냐에 정복된 이후에 거의 대부분의 라틴아메리카는 에스파냐어가 공용어이다. 그러나 사막, 산과 열대우림으로 고립된 개개의 지역에서는 아직도 원주민들이 고유의 삶의 형태를 유지하며, 고유의 언어를 쓰고 있다. 대표적인 언어는 멕시코 고원을 중심으로 북쪽의 나우아 언어와 남동쪽의 마야어이다. 각각 60여 개, 30여 개의 방언이 있다.

3) 아스테카 사람들이 살던 섬 주위의 땅들은 물이 고인 습지였다. 따라서 흙을 돋우고, 주위를 막아 물이 들어오지 않게 하는 치남파의 방법이 800년경에 나타나서 아스테카족이 번성하던 1300년에서 1500년 사이에 절정을 이루었다. 멕시코 지역의 치남파에서 생산되는 작물의 양은 17-20만 명을 먹일 수 있었을 것이라 추정된다.

4) 선인장으로 만든 발효술, 희고 걸쭉하다.

5) 아스테카의 천지창조 신화에는 틀랄테쿠틀리라는 괴물이 등

장한다. 이 괴물은 엄청난 식욕으로 모든 것을 먹었다. 창조의 신 테스카틀리포카와 케찰코아틀은 이 괴물의 팔과 다리를 찢어 던져서 하늘과 땅이 되게 하였다. 틀랄테쿠틀리가 잔인하게 살해된 데에 분노한 다른 신들은 반으로 나누어진 몸, 땅에서 모든 식물이 자라게 하여 그를 위로하였다.

6) 태양신 토나티우에게 바쳐지는 제물은 전사로서 남자였다.

7) 이제까지 메소아메리카에는 밀며 싸우는 긴 창 밖에 없었고, 활도 입으로 불어서 날리는 것이었다. 여기에 화살이 날아가는 활과 멀리 던질 수 있는 창은 새로운 강력한 무기였다.

8) 아스테카는 제국이었다기보다는 여러 도시국가의 연합이었다. 1520년 코르테스가 침입했을 당시 최대의 맹주는 멕시카족의 테노치티틀란이었다. 따라서 아스테카제국을 말할 때 흔히 테노치티틀란을 일컫는다. 이 글에서는 멕시카족 단독의 이야기일 경우 이외에는 아스테카로 말하였다.

9) 가장 자주 일어났던 마야 도시국가 사이의 전쟁의 목적도 제사를 드리기 위한 포로를 잡는 것과 공물을 받는 것이었다. 마야 사람들은 정복지의 정치체제와 왕가를 그대로 남겨두었다. 이로 인해 패배지의 후계자가 힘을 가지면 즉시 보복전쟁이 시작되어 사실상 전쟁이 꼬리를 물고 계속되었다.

10) 성경 중 마태복음 4장 18-22절에 의하면, 갈릴리 호수에서 시작된 예수의 복음전파의 첫 사도들은 어부였던 시몬-베드로와 그의 형제 안드레스였고, 뒤이어 제베데의 아들들로 역시 어부들이었던 야고보와 요한이 사도가 되었다. 여기서 티아고(Tiago)는 야고보를 에스파냐어로 말한 것이다. 산(San)은 '성스러운'이므로 'San Tiago'는 '성야고보'로 에스파냐국가의 수호자이다.

11) 나우아틀 철학의 권위자인 미겔 레온 포르티야(Miguel Leon Portilla)의 책 제목을 그대로 인용하였다.

12) 칼풀리(Capulli)는 아스테카의 청소년 교육기관이었다. 즉, 후안 디에고가 이곳에서 태어나고 자랐다는 것은 그가 아스테카 최고의 지성을 갖추었다는 것을 의미한다.

13) 메소아메리카에 아스테카가 멸망한 후에도 조금 더 계속되었던 문명으로 많은 고문서를 남겼다.

참고문헌

고혜선, 『메스티소의 나라들: 중남미 문화의 이해』, 단국대학교
　　출판부, 1998.

김세건 「성모 과달루페 신앙의 형성과 그 의미」, 『라틴아메리카
　　연구』, 한국라틴아메리카학회, 다사랑, 2001.

세르주 그뤼진스키, 윤학로 옮김, 『아스텍제국: 그 영광과 몰락』,
　　시공사, 1995.

이성형 편, 『라틴아메리카의 역사와 사상』, 까치글방, 1999.

칼 토베, 이응균·천경호 옮김, 『아즈텍과 마야 신화』, 범우사,
　　1998.

푸엔테스, 서성철 옮김, 『라틴아메리카의 역사』, 까치글방, 1997.

Brundage, Burr Cartwright, *Lluvia de Dardos: Historia politica de los
　　aztecas mexicas*, DIANA, Mexico, 1982.

Flores Trujillo, German, *Juan Diego: El Nuevo Santo mexicano, en el
　　Hombre y Mitos*, editorial Mina, S.A. de C.V. 2001.

Gillespie, Susan D., *The Aztec Kings: The construction of Rulership in
　　Mexica History*, The University of Arizona Press, Tucson &
　　London, 1989.

Gonzalez, Salmon & Blanco Garrido, *Peregrinacion Mexica: Ensayo
　　Mito-Historico*, Miguel Angel Porrua, Mexico, 1987.

Heiden, Doris, *Mexico: origenes de un simbolo*, INAH, Mexico, 1998.

Leon-Portilla, Miguel Angel, Ma. Garibay K. & Alberto Beltran, *Vision
　　de Los Vencidos: Relaciones indigenas de la conquista*, UNAM, Mexico,
　　1984.

Manzanilla, Linda & Leonardo Lopez Lujan, *Atlas historico de
　　Mesoamerica*, Ediciones Larousse, Mexico, 1993.

Matos Moctezuma, Eduardo, "Muerte a filo de obsidiana", *Lecturas
　　Mexicanas 50*, SEP, 1986.

멕시코 시티 아스테카문명을 찾아서

초판발행 2004년 6월 30일 | 2쇄발행 2008년 8월 25일
지은이 정혜주
펴낸이 심만수 | 펴낸곳 (주)살림출판사
출판등록 1989년 11월 1일 제9-210호

주소 413-756 경기도 파주시 교하읍 문발리 파주출판도시 522-2
전화번호 영업·(031)955-1350   기획편집·(031)955-1357
팩스 (031)955-1355
이메일 book@sallimbooks.com
홈페이지 http://www.sallimbooks.com

ISBN 89-522-0255-4 04080
      89-522-0096-9 04080 (세트)

값 3,300원